阿野幸一・太田 洋・萩原一郎・増渕素子 著

若手 英語教師のための
お悩み解決 BOOK

大修館書店

はじめに

　希望に満ち溢れて「英語教師」という夢をかなえ，教壇に立った若い先生方。子どもたちのためにと，生き生きと学校現場で頑張る姿がある一方，様々な困難に立ち向かわなければならない現状もあります。

　阿野と太田は，大学で英語教員養成に携わり，毎年新任の英語教師を学校現場に送り出していますが，勤務開始直後から現実の厳しさに直面して，様々な悩みを相談してきます。慣れない環境とあまりの忙しさの中で，先輩の先生方に相談する時間も十分に取れないまま，私たちのところへ駆け込んでくる者もいます。また，各地で行われる教員研修会でお会いする先生方の中にも，「生徒が英語に興味を持ってくれない」「なかなか生徒の英語の力を伸ばすことができていない」「指導のヒントがほしい」などという相談を数多く受けています。これは若手の先生方だけではなく，経験豊かなベテランの先生方にも同様の状況があります。

　萩原と増渕は，それぞれ高校と中学校の現場で，新しく採用されてくる新任教員やまだ経験の浅い若手教員を指導する立場にあります。毎日接している若い先生方からいろいろな悩みの相談を受けながら，全国にも同じような状況にある先生方がたくさんいらっしゃるのではないかと感じています。

　私たち4人も，新人英語教師として教壇に立ってから数え切れないほどの悩みを抱え，ひとつずつ解決しようとしてきました。ただ，私たちが教師生活をスタートさせた当時は，今のような目まぐるしい毎日を送る学校現場に比べると，時間的にはまだ余裕があったこともあり，学校からの帰り道に先輩の先生方に食事に連れて行ってもらったり，一杯交わしながら様々な相談にのっていただいたりして乗り越えてきました。

　私たちもすでに英語教師として30年以上務めた今，これからの英語教育を担っていく若い先生方のため何か力になれないかと考え，「新人

教師応援委員会」を立ち上げることにしました。そして，『英語教育』（大修館書店）での連載が始まり，誌面を通して2年間の活動を続けてきました。私たち4人が研修会や学校で出会う若い先生方，さらには教壇に立った教え子たちから多く受ける質問や相談を，新任中学校教員のAさん，そして同じく高校で教壇に立ったばかりのB君の2人から投げかけてもらい，私たち4人がそれぞれの立場から支援していくという対談形式です。そしてある時には，実際に様々な悩みを抱えながら教壇に立っている若手の先生方と顔を合わせて対面での座談会を開催したこともあります。

　幸い多くの先生方から「連載を読んでいます」「困っていた時に助けてもらいました」といううれしい声を聞かせていただくこともできました。私たちの活動を継続させて，1人でも多くの先生方のお役に立ちたいという願いから，「若手教師応援委員会」と改名し，単行本という形で世に送り出すことになりました。この間，新しい学習指導要領も発表され，様々な課題も見えてきたため，必要に応じて加筆修正を加え，新たにコラムや図表なども書き下ろして『若手英語教師のためのお悩み解決BOOK』として誕生しました。

　この本は第1章から読んでいただいても結構ですが，英語の指導に困ったとき，誰かに相談したいとき，先輩の先生からアドバイスを欲しいときなどに立ち寄っていただく相談所として使っていただけたらと思っています。もちろん私たちの話が正解とは限りません。英語の指導についてもいろいろな選択肢があります。だからこそ，4人で応援委員会を作っているのです。きっとどこかにヒントがあると思います。この本が，1人でも多くの先生方の悩みの解決に役立てたらと願っています。最後に委員会の発足のきっかけを与えていただき，『英語教育』の連載時から本書の刊行までお世話になった大修館書店編集部の小林奈苗さんに心から感謝いたします。

　平成29年11月

若手教師応援委員会

阿野幸一・太田　洋・萩原一郎・増渕素子

目　次

はじめに …… *iii*

『お悩み解決 BOOK』特製　教師用 CAN-DO リスト …… *vi*

第 1 章　授業開きでおさえたいこと …… *3*

第 2 章　教科書と副教材のバランスのよい使い方 …… *10*

第 3 章　テスト作りの不安はこう乗り切る …… *16*

第 4 章　夏休みの課題の出し方 …… *22*

第 5 章　1 学期を振り返る視点 …… *28*

第 6 章　夏休み明けのスタートでひと工夫 …… *36*

第 7 章　英語を使う雰囲気を作ろう …… *43*

第 8 章　バランスよく授業に取り入れたい言語活動 …… *49*

第 9 章　内容理解・和訳の取り扱い …… *55*

第 10 章　入試対策 …… *64*

第 11 章　ALT とうまく連携するには …… *71*

第 12 章　次年度の授業設計・指導に向けて …… *77*

第 13 章　教科書とワークブックを活用するには …… *87*

第 14 章　ノートとワークシートの効果的な使い方 …… *94*

第 15 章　授業規律・英語嫌いへの対応① …… *102*

第 16 章　テストの返却方法，期末テスト後の授業 …… *108*

第 17 章　授業規律・英語嫌いへの対応② …… *114*

第 18 章　研究会の成果の活かし方 …… *120*

第 19 章　パフォーマンス・テスト

　　　　　──どんな内容をどう実施するか …… *126*

第 20 章　同僚とのチームワークと授業作り …… *132*

第 21 章　どうする？　ライティングの指導 …… *138*

第 22 章　教師の時間の使い方，家庭学習のさせ方 …… *144*

第 23 章　少人数授業の工夫 …… *152*

第 24 章　ライブ！　お悩み相談 …… *158*

Coffee Break 1　教師を長く続けていくために必要なこと …… *62*

Coffee Break 2　こんな先生になってほしい

　　　　　──学生・若い先生方に思うこと …… *100*

Coffee Break 3　英語教師になってよかったと思えたとき …… *150*

◆ 『お悩み解決 BOOK』特製　教師用 CAN‐DO リスト
本書各章の内容を各ジャンルに即してリスト化しました。

	章タイトル	見出し	年間計画と授業準備
第1章	授業開きでおさえたいこと	・最初の授業を迎えるにあたって（自己紹介） ・授業ガイダンス（自身の学習体験，1年間のゴール，授業ルール） ・英語の雰囲気を作る ・他の先生から引き継ぐときには？（生徒の学習履歴把握）	授業開き
第2章	教科書と副教材のバランスのよい使い方	・教科書の各コーナーをどんな順序でやればいい？ ・教科書のどこを取捨選択していいかわからない ・題材からのアプローチ（教科書の通読・教材の軽重） ・何度も触れるために（文法事項の出現箇所） ・副教材の使い方	題材的アプローチ／文法事項の把握
第3章	テスト作りの不安はこう乗り切る	・定期テスト作りのポイント（総合問題は NG） ・テスト作りどこから始める？（授業で教えたことの振り返り） ・出題形式と配点 ・統一テストへの対応 ・返却方法	定期テスト作り
第4章	夏休みの課題の出し方	・課題を出す目的（学習習慣の継続） ・中学校での課題の出し方（英文日記，教科書の使用，分量への配慮，ラジオ講座） ・高校での課題の出し方（サイドリーダー，課題テスト，事前指導）	夏休みの課題／事前・事後指導
第5章	1学期を振り返る視点	・1学期の振り返り（したかったこと・まずできそうなことの確認，成功した指導・うまく機能しなかった指導の確認） ・定期テストの振り返り（平均点より生徒の得点分布） ・授業規律の崩れ（個別対応，アンケート，授業内容の工夫） ・夏休みならではの体験（研修会）	
第6章	夏休み明けのスタートでひと工夫	・新学期 1 時間目の授業（夏休みの経験を話すなど） ・夏休み明けの動機づけ（コメント，声かけ，達成感） ・帯活動の習慣化（音読，会話テストへの練習，生徒同士の Q＆A） ・音読の工夫（1 学期の復習，チャンツ，演劇的状況設定） ・共通の指導方針への対応（復習へシフトさせる）	研修会での学びの活かし方／夏休み後の最初の授業／帯活動
第7章	英語を使う雰囲気を作ろう	・英語を使う雰囲気作り（インタラクション，教室英語，小中接続） ・生徒に英語を使わせる（インタラクション，英語と日本語の使い分け） ・新教材導入での英語使用・インタラクション（文法導入・内容の導入） ・生徒同士のインタラクション（ペア／グループワーク）	研究授業／英語を使う授業作り
第8章	バランスよく授業に取り入れたい言語活動	・活動だけで授業が終わってしまった…（中学：定着を図るアクティビティ，何ができるようになったか確認する時間） ・説明だけで（活動なしに）授業が終わってしまった…（高校：説明の効率化で活動をする時間の捻出，音読のバリエーション） ・「活動」ってそもそも何を指すの？（技能統合，教材の繰り返し使用）	言語活動／バックワードデザイン
第9章	内容理解・和訳の取り扱い	・内容理解って何を指すの？（読む目的，インタラクションで確認） ・和訳の役割（目的でなく手段と考える，自力で読む力を伸ばす，生徒が説明を聞きたい状況を作ってからの説明） ・ノートの作り方	
第10章	入試対策	・授業・定期試験で入試対応力を（学習法の確認，初見の文章の使用，量への挑戦） ・問題集の使い方（長文で概要を把握，授業と家庭学習のリンク，単語の扱い，教科書を中心に） ・問題演習の指導（答え合わせに終わらせない，対話文の音読，リード＆アンダーライン，1 文英語自己表現）	受験対策と通常授業
第11章	ALT とうまく連携するには	・ALT に丸投げしない（ALT とインタラクションしてチームで進める） ・普段の授業で ALT を活かす（年間計画・単元のねらいにそって） ・連携のコツ（打ち合わせ，振り返り，フィードバック，人間性・個性を活かす） ・新人 ALT への支援方法（JTE とのインタラクションで生徒の理解を促す，フレンドリー・チャット）	ALT との TT ／新しい ALT へのサポート

教科書・教材活用方法	評価・テスティング	指導技術にひと工夫	授業規律・人間関係
教科書分析			ガイダンス／学習履歴の把握
バランスよく使う／CAN-DO の達成／副教材の使用		オーラル・イントロダクション	
	定期テスト作り／テストの波及効果／返却方法		
	夏休みの課題テスト		
	定期テストの振り返り	研修会への参加	授業が成立しないクラスへの対応／英語授業ノート／授業アンケート
		英語学習への動機づけ／音読	共通指導方針の扱い
新教材の導入（オーラル・イントロダクション）	ペアワーク・グループワーク時のモニタリングと発表	英語を使う雰囲気作り／スモールトーク／クラスルーム・イングリッシュ／インタラクション／ペアワーク／グループワーク	
説明と練習問題の扱い		ストーリー・リテリング／音読練習	
内容理解の方法／和訳／文法説明／ノートの作り方		インタラクション／内容理解の方法	
問題集の活用法／副教材・単語集の使い方	定期試験でも入試対応力／長文読解問題	リード＆アンダーライン／１文英語自己表現	
			ALT とのつきあい方／ALT へのフィードバック

教師用 CAN-DO リスト　*vii*

	章タイトル	見出し	年間計画と授業準備
第12章	次年度の授業設計・指導に向けて	・1年間の振り返り ・CAN-DOリストの作り方 ・予想される問題点の乗り越え方 ・小中高の連携 ・新年度までにやっておく準備	1年間の振り返り／生徒アンケート／CAN-DOリスト作成／小中高連携
第13章	教科書とワークブックを活用するには	・教員2年目に向けて ・教科書の扱いと定期テスト ・新出文法の定着のために ・題材理解と新出文法 ・準拠ワークブックの選び方 ・準拠ワークブックの活用法 ・ワークブック以外の副教材	定期テスト／新学期の授業準備
第14章	ノートとワークシートの効果的な使い方	・ノート活用法（ノートへの写し方の工夫，いつ書かせるか） ・ワークシート活用法（授業中に生徒が英語を使う観点で） ・ノートとワークシートの使い分け	
第15章	授業規律・英語嫌いへの対応①	・「英語は嫌い」という生徒には？ ・小中英語指導の接続 ・授業規律	小中のギャップ
第16章	テストの返却方法、期末テスト後の授業	・テスト結果に一喜一憂する前に ・テストの結果をその後の活動につなげる ・テスト後の授業を活用する ・指導したことを評価する	テスト結果を授業に活かす／宿題につながる指導
第17章	授業規律・英語嫌いへの対応②	・ペアワークがうまくいかない ・生徒の習熟度の差への対応（音読シート，単語テストの工夫） ・授業内の活動のねらいの伝え方	習熟度差への対応／活動のねらいの伝え方
第18章	研究会の成果の活かし方	・研究会をきっかけにする ・研究会で得られること ・参加した後，どう活かすか ・多くを求めず、できることから	研究会参加／研修を授業改善に活かす
第19章	パフォーマンス・テスト	・パフォーマンス・テストはなぜ必要？ ・パフォーマンス・テストってどんなもの？ ・フィードバック・評価方法 ・時間配分・運営のコツ	パフォーマンス・テスト
第20章	同僚とのチームワークと授業作り	・学年で行事を行うために ・評価を揃えるには ・指導法の違いは ・生徒のレベルと教科書 ・授業準備の時間を確保したい ・チームとして	授業準備の時間確保
第21章	どうする？ ライティングの指導	・中学校入門期における文字指導 ・1文を書かせるには ・まとまりのある英文を書かせるには ・書かせたものへのフィードバック，評価 ・読み手を意識する	文字指導／並べ替えから1文・まとまりのある作文へ
第22章	教師の時間の使い方、家庭学習のさせ方	・どうやって時間をうまく使うか ・授業のアイディアがわくコツ ・家庭学習のチェック、いつどのように ・家庭学習と授業の関連	授業準備の効率化／授業のアイディア／提出物点検／家庭学習と授業の関連
第23章	少人数授業の工夫	・少人数授業のよさを活かすには ・目標と評価を共有する ・効果的な運用方法 ・習熟度別か単純分割か	少人数授業の運用方法（習熟度別・単純分割など）
第24章	ライブ！ お悩み相談	・先輩の先生との接し方は ・理想の授業と求められる授業のギャップ（オーラル・イントロダクション，文法指導） ・実業高校での悩み	理想の授業と求められる授業

教科書・教材活用方法	評価・テスティング	指導技術にひと工夫	授業規律・人間関係
教科書の扱い方／前年度分もふくめた教科書の読み込み			同僚とのつきあい方
教科書の進度と定期テスト／題材理解／ワークブックの選び方	教科書と定期テスト	文法事項の定着	
ノート指導／ワークシート活用法			
中1教科書の活用		ディクテーション	英語嫌いへの対応／生徒ができることの確認／文字指導／授業規律の維持
指導と評価の一体化	テストの返却方法／フィードバック		
		ペアワークでの工夫	円滑なペアの組み方／人間関係作り
			研究会参加
	パフォーマンス・テストの実施と評価	フィードバック	
指導法に同僚の意見を取り入れる／教科書の選び方	テスト・評価に同僚の意見を取り入れる		同僚とのチームワーク
	ライティングの評価	文字指導／ライティング指導／フィードバック	
			授業以外の時間の使い方
	目標と評価の共有／共通テストの扱い	少人数授業でのフィードバック	
			先輩の先生との接し方／生徒指導／実業高校での授業と生徒指導

若手英語教師のためのお悩み解決BOOK

第1章
授業開きでおさえたいこと

○「若手教師応援委員会」発足！

阿野：太田先生，昨年度も，新しく教壇に立った卒業生たちからずいぶん電話がきました。

太田：また飲み会の誘いですか？

阿野：そうじゃなくて，授業についての相談です。新任の1年目，授業についていろいろと悩んでいるようなんです。

太田：なるほど。私たちが新任の頃は先輩の先生方にいろいろと教えてもらいましたが，やはり最近は校務に追われてなかなかお互いに十分な時間が取れないみたいですね。

阿野：でも経験豊かな先生方からのアドバイスは欠かせないですよね，増渕先生。

増渕：そうですね。私も若い先生たちと話していると，みんな同じような悩みを抱えていることがわかります。

太田：きっと日本全国に，同じような悩みを抱えている新任の先生やこれから教壇に立つ大学生たちがたくさんいて，先輩からの応援を求めているという状況があるんでしょうね。

萩原：私も同じことを感じています。これからは若い先生方に自分の経験を伝えていこうと思っています。

阿野：それならば，私たち4人で委員会を作りませんか？

太田：「若手教師応援委員会」ですね！

増渕：新任としてこれから中学の教壇に立つことになったAさん，きっと喜びます。とってもまじめな女性です。

萩原：同じく高校に赴任するB君，いろいろと質問もあると思います。ちょっと大ざっぱなところはあるけれど，やる気に満ち溢れた若者です。

阿野：では彼らからの悩みを聞いたり相談を受けたりしながら，生徒た

ちのためにがんばっている全国の若い先生方，これから教師デビュー
をする新任の先生，そして未来の英語教師を目指している大学生のた
めに委員会を発足しましょう。

○最初の授業を迎えるにあたって

太田：新年度からの授業に向けて，生徒たちとの出会いは楽しみですが，
　　同時に不安も多いものですよね。

阿野：特に新任の先生で，初めて教壇に立つ時にはなおさらでしょう。
　　新任のＡさん，Ｂ君，いかがですか？

Ａさん：はい，生徒との対面には今からものすごく緊張しています。ど
　　うやって授業を始めたらいいものか…。

Ｂ君：まずは教師の自己紹介でしょうか？

増渕：そうですね。先生が気軽に自分のことを話してみるのがいいです
　　よ。私は「増渕先生クイズ」をしています。

Ｂ君：どうやるのですか？

増渕：写真なども使いながら，ペットや今までに行った旅行のことなど
　　を，どの生徒にもわかるようにクイズ形式にして英語で話しています。

太田：自分のことを話すのはいいですね。「どんな先生かな？」と興味
　　を示している生徒の好奇心をくすぐりながら，生徒が自然と増渕先生
　　の英語に聞き入っている状況を作るということですね。

Ａさん：でも私はそんなに面白い自己紹介ができるか不安なんです。

阿野：あまり考え込まずに，Ａさん自身が興味や関心を持っていること
　　について気持ちをこめて話せば，きっと伝わりますよ。

増渕：それでも生徒の様子もわからなくて心配だというとき，私は「増
　　渕先生の好きなスポーツは？」「好きな俳優は？」などの簡単な質問
　　と選択肢が書かれたプリントを使います。①先生が自分のことを話す，
　　②プリントを配って答えを選ばせる，③もう一度話すという流れが多
　　いですが，生徒の英語力が高くないことがあらかじめわかっている場
　　合は，①まずプリントを配って生徒に答えを予想させる，②話すとい
　　う流れにすることもあります。後者は，先生が話す内容が事前にわか
　　るので，英語が苦手な生徒もついてきやすくなります。

萩原：私が20代の頃には，初回の授業から英語の歌や早口言葉なども取り上げました。「おっ，この先生は何か違うな。面白そう」と思ってもらえれば成功です。

阿野：1時間目の大きな役割の1つは，今までは英語に興味が持てなかった生徒にも，今年の授業に少しでも期待感を持たせて，「がんばれるかも」という気持ちに導くことですね。

○授業ガイダンスでは？

B君：最初の授業ではガイダンスもした方がいいですか？

太田：それは絶対に必要ですね。特に1年生を担当する場合には，英語ができるとどんないいことがあるかを伝えることが大切です。

阿野：「英語で広がる世界」があることを知らせることですね。日本語だけを使っていたら得ることができない貴重なものがたくさんあることを，実際の例をあげて話してみるのもいいでしょう。例えば世界で活躍するスポーツ選手。アメリカの大リーグで活躍するためにはチームメートとのコミュニケーションが欠かせません。そこまで大きな話でなくても，好きな音楽の英語の歌詞が聞き取れたり，カラオケで歌えたりしたらカッコイイという話などでもいいですね。

太田：そのためにも，先生自身が英語を学んで得たこと，よかったことなどを話すのも効果的です。

阿野：やはり自分の体験は説得力があるので，最初の自己紹介と関連づけて話すこともできます。

Aさん：授業の内容についてはどんな話が必要でしょうか？

増渕：今年1年間の英語の授業で目指すゴールを熱く語ることです。1年生なら3年間のゴールを伝えることも必要ですよ。

太田：私も同じ意見です。そのためにも，先生自身がしっかりと目指すゴールを見据えておく必要がありますね。

Aさん：でもまだ生徒にも会っていないので，そこまでは具体的にわからないです。

阿野：AさんとB君は，4月から教える教科書には目を通しましたか？

Aさん：はい，担当は1年生になるそうですが，中学3年間分の教科書

1 授業開きでおさえたいこと 5

は読みました。

太田：それは立派です。教科書を読み通すと３年間の学習内容全体が把握できるので，どんな授業をして生徒にどんな力をつけてあげたいかをよく考えてみてくださいね。

増渕：B君はどうですか。

B君：僕は高校２年生を担当することになるのですが，まだ教科書には目を通していません。進度に合わせて，授業準備をしながら教科書を読み込んでいこうと思っています。

阿野：そうなんですね。でも，これまでに学習したことと，これから学習することを見通しておかないと，つながりのある授業はできないんですよ。まずは，生徒たちがどんな題材を学習してきたか，１年生の時の教科書を読んでみてはどうでしょうか？

太田：それに続けて，４月から教える教科書にはどんな題材が扱われているかをチェックしておいてくださいね。

B君：題材ですか？　僕が高校生の時は，あまり題材は気にしないで，英文に出てくる文法と単語ばかりを勉強していました。

阿野：それはもったいないですね。高校の教科書の題材は生徒の心に響くものがたくさんあります。授業を通してどんなメッセージを生徒に伝えられるかを今から考えてみるのも楽しいですよ。

萩原：英語が嫌いで苦手な生徒でも，「この話は面白そう」という題材が教科書にはあるものですよ。興味を引くチャンスを逃さないようにね。

阿野：英語の教科書で扱われていた人物の生き方を読んで，自分の進路を決めた大学生もいました。教科書にはそんな題材もけっこうあります。

萩原：最近の高校の英語教科書は心を打ついいストーリーや英詩などが"For Reading"などに押しやられたり，割愛されたりする傾向があり残念ですが，人物教材や平和，人権など現代社会が抱える重要なテーマに関する教材など使いたいと思う教材があるものです。

　　　私の経験では，マザーテレサの教材から人権や人類愛，地雷に関する教材から戦争と平和について生徒に深く考えさせることができました。このような教材を扱う際には１つ秘訣があるのですよ。

B君：是非お聞きしたいです。

萩原：その教材に関する映像教材を用意しておき，英文を読んだあとに生徒に見せることで，教材の内容を深化させることができます。ずいぶん前の話ですが，オードリー・ヘップバーンの話を教科書で読んだあとに，彼女の生涯を描いたテレビ番組の録画を生徒に見せたのです。日頃落ち着きがない生徒たちが集中して見てくれました。授業に全く取り組めないある生徒が「オードリーの生き方って格好いいじゃん」って言っていました。教科書教材を通読しておくと，この教材に力を入れたいなというものが出てくるはずです。そして，その教材に関する映像教材を収集する準備を早めに始めておくのです。

B君：なるほど。「授業のゴール」に向かって，つながりのある授業をするためにも教科書を読んでおくことが必要なんですね。がんばります。

Aさん：ガイダンスで他にやっておいた方がいいことはありますか？

増渕：授業のルールを伝えておくことです。

萩原：先生と生徒の約束事，これをきちんと伝えておかないと，授業がうまく進行しないことにもなりかねないので，事前に約束しておかなければならないことは書き出しておきましょう。

阿野：ただし，あまりたくさんのルールではなく，例えば「ペア・ワークでは友だちの英語をしっかり聞いて必ず受け答えをする」など，「これだけは必ず」と数を絞って伝えることが効果的でしょう。

○英語の雰囲気を作る

阿野：授業開きで大切なことの1つに，英語の雰囲気を感じさせることもありますよね。

太田：英語の授業なので，英語を使う場面は必ず作らないといけませんね。まずは，先生が生徒に英語で話しかける場面を作ることです。

阿野：それと生徒が声を出し，英語を話す雰囲気を作らなければ，これからの授業運営が難しくなってしまうかもしれません。

太田：そのとおりです。授業ガイダンスで熱く語ることは大切ですが，熱くなりすぎるとずっと先生が語ることになってしまうので，最初の授業で何か生徒が動く活動をやってみることも必要ですね。生徒同士が初対面なら英語による自己紹介でもいいですし，先生の話を受けて，

ペア同士での短い会話などでもいいと思います。

Ａさん：私も中学の頃，本当は大きな声で音読をしたかったのですが，クラスのみんなも遠慮して声を出さなかったので，結局授業ではあまり音読はしなくなってしまいました。

萩原：実は私も苦い経験があるんです。

太田：おっ，萩原先生の経験，聞きたいですね。

萩原：まだ若かった頃の話ですが，ほとんど声が出ないクラスがあったのです。そのまま授業をスタートしてしまい，１年間，本当に苦労しました。

阿野：その後はどうしたのですか？

萩原：授業開きの最初の日に，必ず声を出す練習をしています。

Ｂ君：声出し練習ですか？

萩原：そう，簡単な単語や英文でコーラスリーディングをします。早口言葉など笑いが出るものなら，生徒の声もだんだん大きくなってきますよ。

阿野：最初の授業で，「この授業では大きな声を出してもいいんだ！」と生徒に思わせることがポイントですね。

○他の先生から引き継ぐ時には？

Ｂ君：僕は高校２年生を受け持つので，他の先生から引き継ぐことになるんです。先日話をしてきました。

太田：どんな引き継ぎをしましたか？

Ｂ君：「コミュニケーション英語Ⅰ」の教科書は最後のレッスンまで終わり，「英語表現Ⅰ」でもすべての文法を扱ったそうです。

太田：どんな授業をしていたかは？

Ｂ君：その話は出なかったですね。

太田：ではまず，生徒たちの学習履歴をつかむことですね。どのような授業を受けてきたか，何ができるようになったかなどを，アンケートに書いてもらうといいですよ。

萩原：私もそれは必ずしています。昨年度の代表的な50分の授業の流れを書いてもらうことで様子がわかります。それと中学で使っていた

教科書も書いてもらうと参考になりますよ。

Ｂ君：でも僕が考える授業と全然スタイルが違ったらどうしたらいいの
　ですか？

増渕：授業は生徒と一緒に作っていくもの。最初から自分のスタイルを
　強要しないことも大切ですよ。

阿野：生徒がとまどいますからね。ただ，どんな力をつけてもらいたい
　かを伝え，そのためにはどうしたらいいかをきちんと話すことも必要
　です。その上で，生徒の英語力が伸びるような指導を行うことを理解
　させることも授業開きでの大切なポイントです。

Ｂ君：なんだか急に新学期が待ち遠しくなってきました。

Ａさん：まだ不安はたくさんあるけれど，大切な１時間目に向けてしっ
　かり準備していきたいと思います。

阿野：どんなベテランの先生でも，新任の時はみんな悩みながらやって
　きたので大丈夫。きっと，いいスタートが切れますよ。がんばって！

太田：私が新任の時に，この若手教師応援委員会があったらよかったの
　になあ…。

Ｂ君：あっ，仮定法の例文で使えそう！

第2章
教科書と副教材のバランスのよい使い方

○ひと月過ぎてどうですか？

太田：Ａさん，Ｂ君，着任してからひと月過ぎましたね。授業や生徒たちはどうですか？

Ａさん：自己紹介は生徒たちが興味深く聞いてくれました。自分のことを少しでもわかってもらおうと写真を使ったりしたのがよかったのかもしれません。

Ｂ君：僕は話すのがやっとで生徒の様子がよくわかりませんでした。最初は生徒たちのシラーっとした目が気になって…。

阿野：わかりますね。私も自分のジョークが受けない時はそうですし…。

増渕：おやおや，阿野先生，Ｂ君を阿野先生と一緒にしてはだめですよ。

萩原：生徒たちの見かけの様子にはだまされてはいけませんよ。表面はシラーっとしていても意外と聞いているものだったりしますよ。

Ｂ君：そうなんですね。無我夢中のひと月でした。

Ａさん：私もそうです。まだ緊張しています。

○教科書の各コーナーをどんな順序でやればいい？

太田：ところで今悩んでいることは何ですか？

Ｂ君：教科書にはいろいろなコーナーがありますよね。どういう順序でやったらいいのかが悩みです。

Ａさん：私もです。

阿野：ではまず私から高校教科書の各コーナーを扱う順序を話しますね。最近は，多くの教科書が写真を使って各レッスンを始めています。これを有効に活用して，題材の口頭導入から始めたいですね。

萩原：そうですね。①本文をオーラル・イントロダクションで簡単に導入した後，②本文を読み取るための質問を２つぐらい与え，③開本して質問の答えを見つけるために本文を読ませるという流れが多いで

```
        高校で教科書を扱う順序
例1  冒頭の写真をつかった題材の口頭導入から始める
例2  ① 本文をオーラル・イントロダクションで導入
     ② 本文を読み取るための質問を2つぐらい与える
     ③ ここで開本、質問の答えを見つけるために読む！
       ＊ 文法は本文が終わってから日本語で明示的に説明
```

　す。私が教えている高校で使う教科書は，見開き形式で，左ページに
　教科書本文，右ページに内容理解の問題や文法事項と簡単な練習問題
　が載っているものがほとんどです。右ページは内容理解の質問を使う
　ことができれば使うという程度です。文法事項は本文が終わった後に
　日本語を使って明示的に説明するようにしていますよ。

Ｂ君：なるほど。写真などを使ってオーラル・イントロダクションで簡
　単に導入するのですね。その際のコツはありますか。

太田：オーラル・イントロダクションで先生が一方的に話すことになら
　ないように，私は５Ｗ１Ｈで尋ねることができる質問をすることをお
　すすめします。

阿野：太田先生得意のインタラクションですね。

太田：そうですね。生徒たちに語りかける気持ちが大切だと思います。

増渕：中学でも本文を扱う時のパターンは同じです。①オーラル・イン
　トロダクション，②質問を与えた上での黙読，③新出語句，④内容理
　解，⑤音読です。ただし，③は①でキーワードを導入したり，②に注

```
         中学校で教科書を扱う順序
  例1 本文の扱い方          例2 文法中心のパターン

 オーラル・イントロダクション        口頭での文法導入
       ↓                    ↓
 質問を与えた上での黙読            リスニング
       ↓                    ↓
     新出語句               ペア活動
       ↓                    ↓
     内容理解              文法の確認
       ↓                    ↓
     音読               簡単なライティング
```

2　教科書と副教材のバランスのよい使い方　11

をつけたりして，分けて扱うことが多いですね。それから，中学では文法のページを中心に扱うパターンもあります。文法も口頭導入から始めたいですね。例えば，①文法導入（pp.46-47参照），②リスニング，③ペア活動，④日本語による文法事項の確認，⑤簡単なライティングです。

Ａさん：リスニングは文法を教える時にも使うことができるのですね。使い方がわからなくて，いつも飛ばしていました。

太田：それはもったいないですね。うまく取り入れると，良いインプットになりますよ。

Ａさん：２つのパターンはどうやって選べばいいですか？

増渕：その日の授業で何を中心にするか，主な目的にするかで選ぶといいと思います。

○教科書のどこを取捨選択していいかわからない

Ａさん：教科書の扱い方の順序はわかりました。次に困っているのは，分量です。教科書を全部やろうとするのは難しいかなと思っています。

Ｂ君：僕もそう思います。全部のコーナーをやったら授業時間が足りなくなるかなと思います。でも，取捨選択と言うのは簡単なのですが，行うのは難しいです。全部大切に思えてしまって…どうしたらいいでしょうか。

阿野：授業の目標，言い換えれば CAN-DO（生徒にできるようになってもらいたいこと）を達成するために必要な部分を使うことですよね。教科書全部をカバーしても，何かができるようになるとは限らないので。

萩原：そのとおりです。定期テストに教科書と全く同じ問題を出しても（特に文法問題），正答率はきわめて低いというのが現状です。むしろ，教師のねらいに応じて自作プリントを使った方が効果的だという印象です。教科書は目の前にいる生徒のためだけに作られたものではありません。自分が教えている生徒に合う自作プリントを用意できるのは担当する先生だけです。その関連で，教科書付属のワークブックも，そのままでは使用しづらいといつも感じています。

Ａさん：確かにそうですね。全部やらないと不安になるのですが，全部
　やったから定着するかと言ったら違いますものね。

Ｂ君：生徒にできるようになってもらいたいことによって決めるという
　のは，ハッとしました。自分が何を教えるかの点から見てしまってい
　ました。

太田：生徒に何ができるようになってもらいたいかをぜひ考えてみてく
　ださい。あっ，そうそう阿野先生，ちょっと質問していいですか。

阿野：何ですか。

太田：私は最近教科書の使い方について講演などで話すと必ずといって
　いいくらい，私立校の先生から，検定外教科書と言われる教材をどう
　使ったらいいのかという質問を受けます。

阿野：私もそうです。検定外教科書は分量が多いため，全部をカバーし
　ようとすると，教師の説明に時間を割くようになってしまうという先
　生方からの声をよく耳にします。その結果，生徒は消化不良になって
　しまうので，注意が必要です。必要ないと判断したところを「捨てる
　勇気」です。

萩原：一度にすべてわからせようと思わないことも大切ですね。

○題材からのアプローチ

Ａさん：そうすると教科書の分量が多くて終わらないと思っていた悩み
　も解消します。

阿野：目標は教科書を終わらせることではなく，生徒ができるようにな
　ること，つまり CAN-DO を達成させることです。「教科書を終わら
　せる」は教師側の目標なので，生徒側の目標で授業を作りましょう。

Ｂ君：でもまだどうやって選べばいいか…。

萩原：題材的なアプローチが重要です。春休み中に教科書全体を通読し，
　どのような順番で，どこの課を扱うか（どの課を飛ばすか）だいたい
　のイメージを作っておきます。教科書の題材が何らかの理由で扱えな
　いと判断した時には，代わりに他の読み物を使用することもあります。
　こうしておくと，教科書を１課から順番に扱い，授業数の関係で年度
　の終わりに６課くらいまでしかできず，「残りは自分で読んでおいて」

（もちろん誰も読まない…）ということが防げます。

B君：まいったな。春休みは教科書を読むので精いっぱいでした。次は扱い方を考えるのですね。今からでもやってみます。

萩原：教科書の題材によって扱い方に軽重をつけることも重要です。ワークシートを使って内容の概略のみをとらえさせる課があってもいいし，じっくりと取り組み本文のリテリングをきちんと要求する課があってもいいと思います。私の場合，一昨年は平和を考える「ハンナのかばん」，昨年はワンガリ・マータイさんの課にいちばん力を注ぎました。

増渕：Ａさん，中学でも同じですね。教科書に発展的な内容が入るようになった今，萩原先生のようにきちんと題材にフォーカスして計画的に教科書を進めることができる力が，ますます重要になってくると思います。

○副教材の使い方

阿野：参考書や辞書を買って与えて，「あとは家で使うように」では，ほとんど活用されていないのが現状だと思います。副教材を決める時には，どのように使うかを考えてから選び，持たせたからには，授業で使い方を指導したいですよね。自習用であれば，１人の生徒に３人の教師がつく究極の個別指導であるNHKラジオ講座「基礎英語」をぜひ活用してもらいたいですね。

増渕：中学校でも２年生くらいから簡単な文法書を持たせて「１冊の文法書に戻る」授業をしていますよ。高校に入って分厚い文法書を渡された時にめげない生徒を育てるためです。

太田：また，問題集では，解いたら自分のことを言うのに使えそうな英文を探す活動はとても良いですよ。生徒は問題集の英文を否定文や疑問文にして会話を作ったり，と想像力豊かに新しい文法を使っていきます。

Ａさん：副教材の使い方もいろいろあるのですね。

B君：買わせて持たせておけばいいや，も大間違いってことですね。メラメラとやる気がわいてきました。

○何度も触れるためにはどうしたらいいのか？

B君：選んだ教材は何度も触れた方がいいですよね。でもどうやったらいいのですか？

萩原：中堅以下の高校では，1つの文法事項に10回程度以上触れることでようやく定着する生徒が増えてくる感じです。文法事項を教師がていねいに説明し，練習問題を解けば生徒がわかる，使えるようになるというのは大きな間違いです。文法事項が教科書の中でどこに，何回くらい出てくるか見当をつけておくと指導を中期的に組むことができ，指導に余裕が生まれます。例えば，教科書の3課で現在完了形が初出だとすると，4課以降の本文で現在完了形がどのように現れてくるのかを調べておくわけです。5課に1回，6課に1回，8課に3回出てくるのであれば，8課あたりで生徒に定着すればいいと考えておきます。

B君：全部調べるのですか！　できるかなあ…。

萩原：本文データを1つのファイルにまとめておき，検索機能を使って（現在完了形であれば，have, has で検索する）探すことも可能ですよ。

阿野：副教材についても何度も触れる工夫がありますよ。

B君：副教材に何度も触れるのですか？　そんなことできるでしょうか。

阿野：高校の教員をしていた時に，1年生から3年生まで同じクラスを持ちあがったことがありましたが，1年生の時に全校で購入した参考書を毎時間の授業に持参させていました。文法のまとめや確認では，いつも授業中にその参考書を使っていました。このため，3年間で何度も同じ例文や説明に触れることができました。そして，大学受験が近づいてきた時期に，手あかで汚れているところが，頻度が高い大切な文法事項と一目でわかる状態になっていました。

Aさん：手あかで汚れているところ，そうですね。大切なところを何度も繰り返していくことで身につきますね。

増渕：授業でワークや問題集をさっと開いて，文法のまとめや確認などをすることは，生徒も好きな活動です。ぜひやってみてくださいね。

第 3 章

テスト作りの不安はこう乗り切る

○定期テスト作りのポイントは？

太田：おや，B君，元気がないですね。どうかしましたか？

B君：実は，次の定期テストを初めて僕が作ることになってちょっと悩んでいるんです。

太田：なるほど。定期試験作成の時期ですね。Aさんはどうですか。

Aさん：私も来週が定期テストです。今問題を作っているのですが，なかなか思うように進まなくて，困っています。

太田：それでは，今日はテスト作りについて考えていきましょうか。

Aさん，B君：よろしくお願いします。

太田：まず，B君の話からうかがいましょう。何を悩んでいるのですか？

B君：はい。実は，テスト問題を作って，一緒に組んでいる先生に見せたんです。

阿野：それは立派ですね。試験実施前に一緒に担当している先生やベテランの先生に目を通してもらうことはとても大切なことです。で，どうしてそんなに浮かない顔なんですか？

B君：はい，問題を見せたら，その先生に，「総合問題はだめです。全面的に作り直しましょう」と言われてしまったんです。

増渕：それは残念でしたね。理由は何でしたか？

B君：いや，それが…，なんとなく聞きそびれてしまって…。問題を持ってきたので，見てもらえますか？

増渕：もちろんです。どれどれ…。ああ，これはまさしく総合問題ですね。1つの大問の中に，いろいろな観点の設問が入っているでしょう。私もおそらくやり直すように言うと思います。

B君：そうなんですか？　僕が受けてきた英語の試験と言えば，ほとんどがこのようなタイプの問題でした。なぜだめなんですか？

太田：総合問題だと，間違った時に何が理解できていなかったのか原因

がわかりにくいですよね。

阿野：そうですね。教師も観点別の評価を適切にできなくなりますし，それ以前に，生徒へのフィードバックが「点が取れたか取れなかったか」で終わってしまう可能性があります。

萩原：大問ごとに観点が絞られていれば，生徒は「整序問題が弱い」，つまり，「語順がわかっていない」など自分の弱点をとらえることができ，どこに力を入れて勉強すればいいのか学習の方針が立てられます。

Ｂ君：なるほど。定期テストでは，生徒が結果を次につなげていけるようにすることが大切なのですね。言われてみればその通りです。

増渕：職場でもわからない時には，遠慮せずに納得できるまで自分から聞いてみるといいですよ。新しい職場で人間関係が十分にできていないところで働くのは本当に大変なことだと思います。実は，ベテランの先生方も若い先生たちがどこまで助言を必要としているのかわからなくて，見守るだけになっていることがあるんです。私もある新採用の先生の指導担当になった時，その先生が私の前では悩んでいる素振りもなく仕事をこなしていたのに，自宅で毎日泣いていたと後から聞いて大変反省したことがあります。その方もすっかり一人前の教師になられて今では笑い話ですが。

Ｂ君：本当にそうですね。心がけたいと思います。

○テスト作り，どこから始める？

太田：Ａさんは問題が作れなくて困っているということでしたね。

Ａさん：はい，いろいろ迷ってしまって…。まず何から始めればいいのでしょうか。

阿野：授業で何を教えたかを振り返ることです。言い換えれば，試験範囲の中で目指していた到達目標（CAN-DO）は何だったかを整理して，ここまで何を指導してきたかを確認します。例えば，「これからの予定を述べることができる」ことを目指してきたので，「be going to を正しく使えるか」を問う問題を作る，等と書き出していきます。

太田：「リスニング――天気予報で最高気温と最低気温の聞き取り」のような書き方でもいいですね。それを４つの技能と文法・語彙で分け

ると，何をどのくらいやったのかがわかります。定期テストは，習っ
たことがどの程度身についたかを測るテスト（achievement test）です
ので，生徒が「授業で５Ｗ１Ｈを聞き取る活動をしたから，テストで
も同じことを聞く問題が出るな」と思えればいいでしょう。

Ａさん：それならできそうです。教科書やプリント，授業案を書いてい
るノートなどを見てやってみます。次は出題形式についても教えてく
ださい。

○出題形式と配点の決め方

阿野：出題形式は，何の力を測りたいのかによって決まってきますよね。
例えば，疑問文や倒置の語順が定着しているかどうかを知りたければ
並べ替えの問題になりますし，イディオムでどんな単語が使われるか
を聞きたければ，look（for）など穴埋めの問題になるでしょう。形
式を決めてから問題にするのではなく，出題の意図からそれに合った
問題形式にすることが大切だと思います。

Ｂ君：総合問題にしないコツはありますか？

萩原：テストの大問に，見出しをつけてみることをおすすめします。例
えば，「読解」という見出しをつけた大問があれば，本当にその問い
が生徒の読解力を測定しているのかを再考してみましょう。その大問
の設問に整序問題や語彙力の問題が入っていたら，もう一度問題の練
り直しをすることになります。

Ｂ君：わかりやすいですね。やってみます。

萩原：定期テストの「波及効果」もとても重要です。定期テストでどう
いう形式の問題を出すと，生徒はテストに向けてどういう準備をする
か考えてみましょう。和訳問題が必ず出題されるとわかっていれば，
生徒は和訳を覚えてくるでしょう。しばらく前に，登校途中の女子生
徒が２人，覚えてきた英語の教科書の和訳を言い合っている場面に遭
遇しました。そうでなくて，２人で英語を言い合ってくれると嬉しい
ですね。

Ｂ君：それは耳が痛いですね。僕の作った問題では和訳もたくさん書か
せようとしていました。生徒の勉強方法への波及効果を考えます。

> ## テスト作り どこから始める?
> まずは… □ 試験範囲の致達目標（CAN-DO）は何だったか
> 　　　　□ ここまで何を指導してきたか
> 　　　　　　　　　　　　　　　　　　　を チェック!
> CAN-DO「これからの予定を述べることができる」
> 　　→"be going to を正しく使えるか"を問う問題など
> ＊ 定期テストは習ったことがどの程度身についたかを測るのが基本!

Aさん：配点はどうしたらいいでしょうか。

太田：試験までの授業で何をどのくらいやったかで配点の比重も変わっ
　　　てきますよ。聞き取りを授業でしていないのに，テストでは聞き取り
　　　が20点分出題されたらおかしいですよね。

Aさん：その時に教えた（時間を使った）配分に合わせて配点を決める
　　　のですね。

阿野：そうです。リーディングの指導に多くの時間を使っていれば読む
　　　力を問う問題が多くなるし，リスニングに時間を使っていれば，リス
　　　ニングが多くの配点を占めることになります。

B君：そうなんですか？　僕は授業ではリスニングやライティングを
　　　やっていますが，試験には出題しなくてもいいかなと思っていました。
　　　今の学校でも出している先生が少ないし，特にライティングの評価は
　　　難しいですから…。

阿野：おやおや，生徒はリスニング問題が出るとわかっていれば，授業
　　　でもしっかりと音声に耳を傾けるようになりますし，書かせる問題が
　　　出るとわかれば，自分でも書く練習をしっかりするようになります。
　　　テストは生徒にとってこのように大きな影響を持つものなので，学習
　　　させたいことはぜひ出題しましょうね。

増渕：ライティングの評価は，私はあまり厳密に考えず，英語の語順を
　　　守っているか，まとまりのある文章になっているか等の観点でざっく
　　　り採点しています。その上で，内容や構成，語彙，文法などが優れた
　　　ものに加点しますが，満点を超えることもよくあるんですよ。生徒も

3　テスト作りの不安はこう乗り切る　*19*

励みになるようで，授業中もよく取り組むようになります。

B君：そうでした。テストの波及効果を考えることが大切でしたね！

萩原：高校の定期テスト問題は，発音・アクセントのペーパーテストに始まり，総合問題が何題か続くというような「古い」タイプの試験がまだ見られます。こうした問題の代わりに，リスニングテストを必ず導入することで生徒の聞く力を測り，最後に生徒が自分のことや考えを英語で書く問題を取り入れるようにすると，筆記試験でも英語を聞き，読み，書く力を測定できると思います。英語を話す力は筆記試験では測れませんから，スピーキングテストを別途やるしかないでしょう。でも，難しく考える必要はないんです。まずは，例えば廊下に生徒を1人ずつ呼んで音読テストをしてみてはどうでしょう。定期試験後の授業などを使えば十分に可能です。

B君：わかりました。やってみます。ただ，統一テストなので，他の先生がどう思うか心配です。

○統一テストへの対応は？

阿野：本来であれば，学年で共通の到達目標（CAN-DO）を共有し，それに沿った問題を出題するので，テストと授業がつながるはずですが，現実には難しい点もあると思います。でも，出題範囲の内容をしっかり身につけさせていれば，多少出題形式が異なっても点数は取れます。高校の教員をしていた時に，授業の半分程度の時間を音読や暗唱に使いながら多くの活動をしていたことがありますが，別の先生が出した日本語訳や選択肢が多い問題などでも，その先生が担当するクラスよりも高得点を取ってくれていました。

萩原：私の経験でも，活動中心の授業をしていた方が，平均点がかなり高くなります。テストの点数を取れる喜びは，特に英語を苦手としている生徒に強い傾向があるので，授業に対する生徒の支持率も高くなり，授業がやりやすくなるという好循環になります。

B君：活動中心の授業をした方が，点がいいのですか。それは意外ですね。どうしてですか？

萩原：単語を何回も声に出してみる，教科書をさまざまな方法で音読す

る，ペアを組んで他の生徒と練習する，このような活動を通して生徒
は自然に英語を覚えてしまうようです。授業に一生懸命参加をしてい
れば，英語が音として残るという感覚でしょうか。数年前，ある生徒
が学年末の振り返りで次のように書いてくれました。「テストの問題
を解いていると，自分が音読している英語が聞こえてくる。」文法解
説と日本語訳の確認だけの授業を受けている生徒とは必ず差がつくは
ずです。

B君：なるほど！　何度も教科書に触れているから，本文の英語が頭の
中に入ってしまうのですね。そういう授業作りを目指します。テスト
のことを考えると授業の改善にもなるのですね。

Aさん：生徒がテスト問題を解きながら自分が音読している英語が聞こ
えてくるようになるなんてすごいですね。私も生徒にそう言ってもら
えるように授業を考えます。

○返却方法にひと工夫

Aさん：答案返却も工夫できるのでしょうか？　前回のテスト返しで
は，生徒は点数を見て終わりで，解説もあまり頭に入らないようでし
た。

太田：私は答案をすぐには返しません。それは答案を返した瞬間に
「ぎゃー」「今日帰れない！」「やった！」など一喜一憂してしまい，
その後の振り返りができないからです。したがって私はまずリスニン
グの問題をもう一度やってもらい，その後多くの生徒たちが間違えた
問題を解いてもらいます。そこで解説をしてから，最後にテスト答案
を返すというやり方をしています。

B君：なんだかテストが楽しみになってきました。さっそく問題を作り
直します。

Aさん：私もとても気持ちが楽になりました。B君のように早めに担当
の先生に問題が見せられるようがんばります。

第4章
夏休みの課題の出し方

○夏休みの課題を出す目的は？

萩原：中間テストが終わったと思ったら，夏休みまであと1か月くらい
　　　ですね。夏と言えば…，そうです，楽しみはたくさんありますね。A
　　　さん，B君は何か予定を立てていますか。

B君：まだ休みのことなど考える余裕もありません。先輩の先生からは
　　　夏休みの課題を何にするか考えておくように言われているんです。

萩原：B君は高校時代にどんな課題を出されたか覚えていますか。

B君：高校2年生の時に，いきなり英語のサイドリーダーを1冊ぽんと
　　　渡されて，全文訳を書いてくるように言われたのが忘れられません。
　　　あれは地獄でした。

Aさん：私は中学の時に夏休みの宿題で文法の問題集を渡されて，いつ
　　　も授業でもやっているのに，なんでまたと憂鬱な気分になったことを
　　　覚えています。夏休みくらいは宿題を出さず，学校から生徒を解放し
　　　てあげたいと強く思います。

増渕：でも，1学期につけてきた力を落とさないようにしたいですよね。
　　　宿題を出さないと夏休み中，一切勉強をしないという生徒もいます。

阿野：語学学習では，少しずつでも継続することが大切なので，1学期
　　　の学習内容を繰り返して定着させて，夏休み以降の学習につなげるこ
　　　とが1つの大きな目的だと思います。もう1つは，学校での日常の授
　　　業期間では取り組めないような課題に取り組んでもらいたいという目
　　　的もあります。1人でじっくりと時間を使えるチャンスですからね。

○中学校でどのような課題を出したらよいか？

Aさん：普段取り組めないような課題ですか。例えば，中学校ではどん
　　　なものがあるのでしょうか。

太田：生徒がいろいろなことを経験する夏休みは英文日記を書く絶好の

機会ですね。私が以前中学校で教えていた時には，最低5日分（週に一度）書いてくることを必須にして，それ以上書いた場合はプラス点としました。

阿野：ラジオ講座を毎日聞いて音読するというのも，やることが明確でペースをつかめていいと思います。私が中学の教員をしていた時には，毎日「基礎英語」を聞くことを課題とし（聞いたかどうか，その日に学習した英文を書き出すなどの記録をつけます），そこで習った英文を活用してオリジナルスキットを作るところまでを宿題にしていました。

増渕：自己表現的な課題は夏休みにぴったりですね。英文日記やスキットの他にも，自己紹介文，英文俳句，スピーチ原稿の下書きなどいろいろと考えられます。自力で書くことが難しければ，作文そのものは1学期の授業で書かせておき，夏休みの課題を「ポスターに仕上げてくる」「スピーチ発表会に向けて練習をする」などとすると生徒も取り組みやすくなります。それも難しければ，教科書の音読発表会に向けて，1年生の最初のレッスンから今習っているところまでを繰り返し音読する課題などもいいですね。3分でも毎日やってくれると力が伸びます。

太田：あの…私の失敗談を聞いてください。

B君：太田先生の失敗談聞きたいです。

太田：ずいぶん前のことになりますが，教科書を音読して最後にテープに吹き込んで提出させたことがあるのです。チェックするのが大変で一度でやめてしまいました。最後に教師がチェックするという視点を忘れると痛い目に合うという例です。

Aさん：なるほど。課題を出した後の課題の処理方法まで考えておかなくてはならないのですね。

太田：そうです。夏休みの課題を2学期（後期）の授業につなげられるといいですね。生徒が書いてきた作品を秋の文化祭で展示したり，スピーチの場合は原稿を書いて終わりということではなく，それをもとにスピーチをさせることが大切ですね。その生徒本人だけではなく，他の生徒たちへのフィードバックになるようにすればいいと思います。

B君：なるほど。夏休みの課題と授業がリンクするわけですね。やりっ

放しにしないことが重要なのですね。

阿野：これまでの学習事項の定着という点からは，1学期に理解したことを反復練習する機会とし，忘れかけていたことを思い出して記憶に残すための課題を選ぶことも大切です。例えば，今，太田先生が言ったような学習済みの教科書本文の音読，教科書本文を参照して書くことができるライティング課題や既習単語の練習などがあります。

Aさん：夏休み後に扱う教科書の内容を予習させるというのはどうでしょうか。

増渕：中学生の場合，予習は自力でできない生徒が多く，適切ではないでしょう。むしろ，やったことをもう一度練習することで定着を図ることです。夏休み後に，「英単語100問テスト」などを計画し，英語が苦手な生徒でも少しずつがんばれば，成果が上がる課題にしたいです。他には教科書で出てきた基本英文の暗唱なども考えられますね。

太田：その際，習ってすぐのものだけでなく，2年生なら1年生，3年生なら1，2年生の基本語彙や文型を入れてあげると，生徒たちはそれらを使った場面をなつかしく思い出しながら復習することができます。語彙や文型との「二度目・三度目の出会い」は言語習得の大切なポイントです。

B君：さまざまな種類の課題の例を出していただきましたが，どれくらいの量を出すといいのでしょうか。

阿野：他教科から出る課題との関係を考えながら生徒が無理なくできる量です。毎日やるのがつらくて，最後にまとめてやるような課題では，「継続学習」という目的を果たせません。毎日15分でもいいので短時間でもできる，そして「これならできる」と思える量の方が，結果的に生徒の力になると思います。

増渕：そうですね。まとまった英語を書くとか，単語の復習をするとか生徒にやってもらいたいことはたくさんあるのですが，生徒に無理のない範囲に絞ることが重要ですね。また，太田先生が言ったように，がんばったことが評価される仕組みも必要です。例えば，スペリング・コンテストの上位者を英語（教科）通信に載せたり，ALTに表彰してもらったりする先生も多いですね。英語が苦手な生徒が一念発起して

満点を取り，自信をつけてその後の授業に積極的に参加するようにな
る，ということもよくあります。

Aさん：夏休みの課題がきっかけで生徒の英語力が伸びる，そんなこと
は考えたことがありませんでした。2学期の授業が楽しみになりそう
です。

○高校ではどのような課題を出したらよいか？

B君：高校での夏休みの課題にはどういうものがあるのですか。

萩原：中学校とは違って，サイドリーダーを1冊渡して読ませるという
ことが多いと思います。普段学習している英文よりもやさしめの英語
で書かれたサイドリーダーなどを読ませるといいでしょう。ここでの
ポイントは「自力で読める」もの，そして，ストーリーを楽しんで読
める内容のものを与えることだと思います。高校の教科書では，昔と
比べて文学作品が大幅に減り，説明文や論説文などが多くなっていて，
生徒が楽しめるようなストーリーが少なくなっています。

B君：僕の高校時代は全文訳の課題が出たのですが，読み物教材を与え
た場合，どういう課題を与えるといいのでしょうか。

阿野：無理に課題を提出させると，多読にもかかわらず単語を調べてリ
ストを作ったり和訳をしたりと，本来の目的とは全く違う学習方法に
なってしまうことがあるので注意が必要です。もし課題を集める場合
には，読んだ感想を書かせて集めるか，大意をつかむような質問を出
しておき，その答えを書かせて提出させるのがいいと思います。

B君：読み物教材を与えるだけでは読まない生徒がどうしても出てきて
しまうと思うのです。課題の工夫以外に方法はありますか。

阿野：高校でよく行われているのは休み明けの「課題テスト」でしょう
か。テストについては，夏休みに繰り返し学習して覚えているかを試
すようなもの，あるいはやっていれば点数が取れるような課題であれ
ば，テストをしていいと思います。

○読み物教材のテストを行う場合，その内容は？

B君：課題テストをする場合，普段の定期テストと同じような形式でい

2年 Spelling Contest 課題

Grade ( ) Class ( ) No. ( ) Name ( )

1.	～について	about	26.	～しなければならない	must	
2.	～のあとに	after	27.	～を手に入れる	get	
3.	～の前に	before	28.	行く	go	
4.	同意する	agree	29.	手伝う	help	
5.	すべて	all	30.	～を望む	hope	
6.	～と	and	31.	～を知っている	know	
7.	しかし	but	32.	～を学ぶ	learn	
8.	(疑問・否定文で)(ア) いくつかの	any	33.	～が大好きです	love	
9.	(肯定文で)いくつかの	some	34.	～をつくる	make	
10.	～のまわりに	around	35.	～を意味する	mean	
11.	たずねる	ask	36.	～を読む	read	
12.	～なので	because	37.	(一般的に) 言う	say	
13.	～になる	become	38.	(言語を) 話す	speak	
14.	いそがしい	busy	39.	話す, おしゃべりする	talk	
15.	～を買う	buy	40.	～を見せる, 示す	show	
16.	(方法, 手段)(ア)～で, ～によって	by	41.	始まる (s)	start	
17.	呼ぶ	call	42.	勉強する, 研究する	study	
18.	来る	come	43.	～と思う, 考える	think	
19.	～を食べる	eat	44.	理解する, 分かる	understand	
20.	～を楽しむ	enjoy	45.	～を使う	use	
21.	～を見つける	find	46.	～を訪れる, 訪問する	visit	
22.	たとえば(3)	for example	47.	散歩する, 歩く	walk	
23.	外国の	foreign	48.	～を望む, 欲する	want	
24.	もし～ならば	if	49.	働く	work	
25.	I will の短縮形	I'll	50.	～に手紙を書く(2)	write to	

51.	～が見える(自然に目に入る)	see	76.	おもしろい, 興味深い	interesting
52.	～を見る(視線を動かして)(パッと)	look	77.	種類	kind
53.	～を見る, 観察する(じっと見る)	watch	78.	言語	language
54.	am, is の過去形	was	79.	昨年(2)	last year
55.	are の過去形	were	80.	～のような	like
56.	have の過去形	had	81.	たくさん(数)	many
57.	go の過去形	went	82.	たくさん(量)	much
58.	ここに～があります(2)	here are [is]	83.	たくさんの～(3)	a lot of
59.	(場所を示して)そこで	there	84.	もっと多くの	more
60.	それでは, それから, そのとき	then	85.	新しい	new
61.	彼ら・彼女たち・それらは	they	86.	なにもないこと	nothing
62.	物, こと	thing	87.	しばしば, よく	often
63.	どれくらい, どのように	how	88.	1度, 1回	once
64.	どのくらいの距離 (2)	how far	89.	1, 1つ	one
65.	どれほど頻繁(ひんぱん)に(2)	how often	90.	他の	other
66.	何	what	91.	人々	people
67.	いつ	when	92.	場所	place
68.	どこ	where	93.	とても	so
69.	どちら, どっち	which	94.	時々	sometimes
70.	だれ	who	95.	すぐに	soon
71.	なぜ	why	96.	週末	weekend
72.	美しい(い)	beautiful	97.	～するだろう	will
73.	つらい, かたい, 難しい, 熱心に	hard	98.	～といっしょに	with
74.	重要な	important	99.	世界	world
75.	将来(3)	in the future	100.	きのう	yesterday

スペリングコンテスト課題（中学２年生）

いのでしょうか。

阿野：全く違う方がよいと思います。私が高校の教員をしていた時は，必ず本を持ち込みにして試験をしていました。質問としては「～については，何ページに書いてありますか？」「○ページの○行目の言葉を言った時の主人公の気持ちは，どのようなものでしたか？」「全体の話を読んだ感想を英語で書きなさい」というように，読んできていなければ解答ができないようなものにしていました。

萩原：私は課題の本を持ち込みにはしないのですが，設問内容は定期テストとは大きく異なり，とにかくサイドリーダーを読んで内容を大ざっぱにとらえられているかどうかという視点で問題を作成します。例えば，キーワードの意味を日本語で答える，内容に合うように英文の空所を補うのに適切な語句を選択肢３つの中から選ぶ，ストーリーに合うように英文の順番を並べ替えるなどの問題を出題します。

増渕：そうそう，読み物教材に別冊で評価テストがついていることがありますが，それをそのまま課題テストとして使うには注意が必要ですよ。

B君：どうしてですか。

増渕：あくまで教材を作った側が平均的な高校生の姿を想像して作っていることが多いと思うのです。問題の難易度も大切ですが，内容的に担当の先生が生徒に対して求めていることと合致していなければ，先生が自分でテスト問題を作るべきだと思います。きちんとまじめに課題に取り組んだ生徒が課題テストで十分な成果が上げられないとしたら問題です。

太田：その関連では，事前指導も大切なんですよ。

Aさん：事前指導ですか。どういうことをするのですか。

太田：1つの例ですが，サイドリーダーを夏休み前の授業で渡して，最初のページを生徒と一緒に読んでいくのです。その指導の過程で，全文訳をするのではなく，わからない部分があってもいいので，注釈を使って内容を大ざっぱにつかめばいいのだ，ということを話して，実際にそのページを読ませます。そうすることで，より多くの生徒がこちらの望む読み方をしてくれる可能性が増えるのです。

Aさん：夏休みの課題1つとっても，事前指導から始まり，課題テスト，事後指導と実に多くの要素があるのですね。自分が生徒の時には想像さえしませんでした。阿野先生が言われたように，私も生徒に夏休み中も地道に少しずつ継続学習をしてもらえるような課題を考えてみます。何か，楽しくなってきました。

萩原：でも，現実はとても厳しいのですよ。『かつて誰も調べなかった100の謎』（堀井憲一郎著，文藝春秋）では，「夏休みの宿題はいつ始めていつ終えたのか」という調査を164人を対象に行っているのですが，「休み中かけてコツコツやる」人はわずか4.3％。「夏休みの終わりに一気にやる」人が39.6％となっており，いちばん多いんですね。だからこそ，課題の出し方に工夫が必要なんです。

Aさん：生徒たちが後で振り返った時，あの課題をやってよかったという思いを持ってくれるような課題を出していきたいですね。

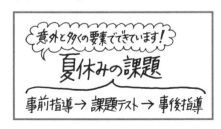

第 5 章
1 学期を振り返る視点

○ 1 学期はどうでしたか？

太田：ようやく夏休みですね。1 学期を振り返ってみてどうですか。

B 君：忙しかったです。授業準備の時間がなくて，授業前日の夜とか，
ひどい時はその日の朝に準備していました。4 月に教員になった時は
「いい授業をしよう」と思っていたのに，気がつくと訳読だけになっ
ていることもありました。試験の平均点も悪くて…，残念です。

A さん：私もとにかく教科書を進めるだけで手一杯でした。大学で習っ
たようないろいろな工夫をした授業展開をしたかったのに，何もでき
なかったような気がします。話を聞いてくれない生徒も出てきて，夏
休み明けがどうなるのか，とても心配です。

阿野：A さんも B 君も，よくがんばりましたよ。新任で教師デビューし，
すぐにうまくいくことはまずないと言っていいと思います。誰でも悩
み，失敗を繰り返しながら成長していくもの。生徒のためになんとか
授業を改善しようとする姿勢を持つこと，これが大切ですよね。その
ためにも，1 学期の指導をしっかり振り返って，2 学期からの授業に
生かしましょう。時間の流れが比較的ゆっくりになる夏休みこそ，大
きなチャンスです！

B 君：1 学期の振り返りですか？　ぜひやってみたいです。

A さん：まず，何から始めればいいでしょうか？

○ 1 学期の振り返り，まず何をする？

太田：今，お 2 人が 4 月に思い描いていた授業と実際の授業の間にギャッ
プがあったと話していましたが，そこから始めてみるのはどうでしょ
う。したかったことを書き出して，そのうち，まずできそうなことは
何かを探しましょう。無理な場合は，「できそうなことに近づくため
にできることは何か」を考えるといいかと思います。

Aさん：例えば…，私の受け持ちの中1の生徒たちは，4月には大きな
　　　声で音読していたのに，だんだん声が小さくなってきました。また大
　　　きな声で音読できるようにするにはどうしたらいいか，というような
　　　ことでいいでしょうか？

萩原：まさしくそういうことです。授業は生徒の実態からスタートする
　　　しかありません。多くの生徒ができないことはそこまで掘り下げて取
　　　り扱う必要があります。few が読めない生徒が多ければ，既習語の
　　　new を示してクラスで発音し，「new の n を f に替えて」と言うと，
　　　few が読める生徒が増えます。このように「あ，そうなんだ」という
　　　瞬間を，発音・文法・ライティングなど，授業の諸活動の中で取り入
　　　れていくことです。

Aさん：私は生徒が読めない時，ひたすらリピートさせていました。で
　　　も，萩原先生のように自分で答えを考えさせるのは，とても楽しそう
　　　です。ぜひ音読のしかたを考えてみたいと思います。

萩原：自分の授業をビデオに撮っておき，客観的に自分の授業を見直し
　　　たり，他の先生に見ていただいて，改善のためのコメントをもらった
　　　りすることも有益です。

阿野：また，1学期の指導案や授業メモを見返してみると「あの時は生
　　　徒が活動にのってきていた」「この活動は楽しそうに取り組んでいた
　　　けれど，実際にはターゲットの文法の定着にはつながらなかった」な
　　　ど問題点が見えてくると思います。成功した指導と，うまく機能しな
　　　かった指導を考え，夏休み明けの授業の参考にしましょう。

B君：わかりました。やってみます。

○定期テストの振り返り

増渕：定期テストの結果からもいろいろなことがわかります。ただ，平
　　　均点はあまり心配しなくてもいいと思います。

B君：そうなんですか？　50点ぎりぎりだったのですが，大丈夫でしょ
　　　うか。

阿野：私たち教員は，どうしてもテストの平均点ばかりを気にしてしま
　　　いがちですが，平均点には思わぬ落とし穴もあります。たとえ平均点

5　1学期を振り返る視点　*29*

が70点でも，もし100点から0点まで広く分布しているとしたら，これまでの指導の結果として生徒の定着度に大きなばらつきがあり，教室での指導にかなりの改善が必要です。今まで以上に個別指導も必要になってくるでしょう。逆に，たとえ平均点が50点でも，多くの生徒の得点が50点前後に集まっているのであれば，生徒の定着度に似たような傾向が見られるため，改善方法は見つけやすくなります。平均点よりも，生徒の得点分布を見る方が指導に役立つことが多いです。

太田：クラスごとの分布も参考になります。同じ平均点でも，A組は平均点に生徒が集まっているのに，B組は平均点のあたりは意外と生徒が疎らで，高位と低位に分かれて大きな山が2つできている，ということがあります。そうなると，B組での低位の生徒はどこができなかったかを考えることが必要になります。そして，高位の生徒と低位の生徒で助け合いのためのペアを作るなどの対策が必要になるかもしれませんね。

阿野：テスト結果の分析では，生徒のテスト間の点数の推移を比較することも多いかと思います。その際，クラス順位の変動は，生徒の競争心をあおる以外では，役に立ちません。全員が同じように伸びていれば順位は変わりませんし，がんばっている生徒を見過ごしてしまいます。あくまで生徒個人の伸びを見てあげることです。また，合計点よりも，どの分野の問題ができないかを見ることが大切です。指導内容に沿って出題していれば，どの指導がうまくいき，どの指導が生徒の身についていないかを判断する材料になります。

B君：テスト結果を分野別に見て，指導内容を振り返る…。少し気になることが出てきました。

阿野：何でしょうか？

B君：表現の分野です。生徒の作文にスペリングミスや文法のエラーが多く，減点していったらほとんど点数がなくなってしまいました。今思うと，採点方法がよくなかったかもしれません。

阿野：いいところに気づきましたね！　生徒の表現力を伸ばすために授業で口頭練習を多く行いながら，試験ではスペリングミスで減点していたら，生徒の定着度はおろか，自分の指導の成果も見ることはでき

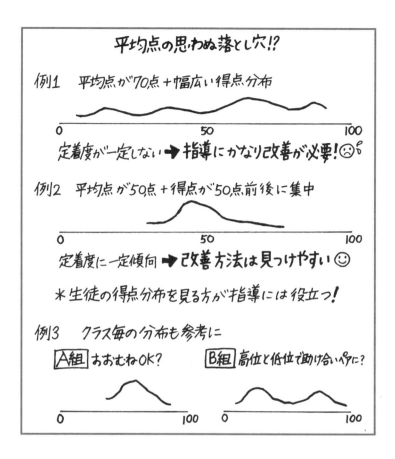

ません。何を測る試験なのかを再確認しなければならないと思います。
B君：試験後，生徒が前ほど活動にのってこなくなって悩んでいましたが，やってもできないと思わせてしまったのかもしれません。
増渕：気がついてよかったですね。夏休み明けに新たに採点基準を示して授業で作文を書いてもらい，評価の参考にするといいですね。
B君：わかりました。
Aさん：全く作文を書けない生徒はどう指導したらいいでしょうか。
阿野：進度を気にするあまり，インプットを十分に行わずに，アウトプット活動に移っていなかったかなども，指導案の見直しやテスト結果か

ら見えてくると思います。教科書に縛られすぎて，教えることを欲張らないことです。今日身につけさせたいことに絞って，それをクリアさせるための授業をするようにしましょう。大学で学んだ CAN-DO の発想を思い出して。

Ａさん：CAN-DO ですね。その日のゴールを絞るよう考えてみます。

○授業規律が崩れてきたら？

Ａさん：授業が成立しないクラスにはどう対応していけばいいでしょうか。授業中に立ち歩いてふざけたり，教科書を持ってこなかったりで，コントロールが効かない状態です。

太田：クラス全体でなかなか対応できない時は，授業外で個別に対応，つまり話しかけるのはどうでしょうか。また生徒のノートにメッセージを書くなどもいいと思います。

萩原：その通りですね。気にかかる生徒については，まず情報収集から始めます。背景に家庭の問題があったり，人間関係の構築が難しかったりするのかもしれません。担任の先生や他教科の先生に様子を聞いてみましょう。次に，それをふまえて，ちょっと勇気が要りますが，廊下で会った時などに，生徒に「どうしたの」と話しかけてみましょう。全然取り合わない生徒もいるかと思いますが，そういう場で過去のつまずきなどがわかり，指導の参考になることもあります。私は20代から30代の頃，学級日誌の英語版である「英語授業ノート」を授業ごとに生徒に書いてもらって，生徒の声をつかむようにしていました。1学期の最後に，授業についてのアンケートを取るのも1つの手です。これは時に勇気が必要です。本当に傷つくことをストレートに書かれ，立ち直れなくなることがあります。私も数回経験しています。ただ，授業中は目立たない生徒が冷静に授業を見ていたり，授業への要望を書いてきたりすることもあります。授業は生徒と一緒に作っていくもの。時には生徒との駆け引きも必要となります。多くの生徒から寄せられる要望をくみ上げる代わりに，教師側の要求もしっかりと伝えていきましょう。

阿野：生徒に注意ばかりしていて，授業になっていないのではないか，

と見直してみることも必要ですね。授業内容をもっと工夫すれば,「この先生の英語,面白いかも」と思わせることができるかもしれませんよ。

萩原：私は授業規律が本当に難しい時,さまざまな活動を試してみて,どういう活動ができて,どういう活動ができないかを見極めていました。例えば,一定時間内に単語シートの裏に単語を書いていく「英単語書き書きくん」。ほとんど全員の生徒が取り組んでくれました。これで50分の授業の5分は静寂の瞬間が訪れます（あと45分！）。表に英単語,裏に日本語を書いた単語カード。一般的にはフラッシュさせて使うものですが,カードをしっかり見せて,クラス全体でリピートしたり,日本語を英語にしたりします。授業中,化粧にいそしむ女子高校生もこの時は顔を上げてくれました。これを列ごとに1人ひとり言わせると,やらないと拒否する生徒はいませんでした。こういう「使える」活動を核にして,授業を構成していくという方法も,本当に大変な学校では有効かと思います。

Aさん：わかりました。授業をもっと楽しくできるように工夫します。がんばります。

太田：夏休み明けから授業を大きく変えると生徒がとまどうかもしれません。いくつかできることを考えておいて,生徒の様子を見ながら少しずつ試していくといいですね。

増渕：変える理由も話しましょう。今までのやり方を否定するのではなく,認めた上で「次のステップに進もう」「バージョンアップしよう」といった前向きな表現を使うと生徒が受け入れやすくなります。

○夏休みならではの体験を！

太田：さて,いろいろお話ししてきましたが,夏休みは,まずはリラックスすることだと思います。同じ新規採用の先生方同士で愚痴をこぼし合った後,やってよかったこと（多少でもそう思うものがあれば）や問題点を共有して,解決へのアイディアを出し合うのもいいかもしれませんね。

阿野：夏休みは各地で研修会も多く開かれているので,無理をしない範囲で参加してみることをおすすめします。同じ悩みを抱えている教師

がたくさんいることを知ることができ，研修会の中で解決の糸口が見つかることもあります。先日私のゼミの卒業生が研修会に参加していましたが，若い先生の実践報告を聞いて「私は今まで何をしていたんだろう」と反省をし，自分が目指していた授業を思い出し，新学期へのやる気を見せていました。

萩原：友人と会ったり，本を読んだり，息抜きの時間も必要です。趣味に没頭するのもいいですね。

Ａさん：アドバイスをありがとうございました。夏休みまであと1回授業があるので，生徒にアンケートを取ってみようと思います。

Ｂ君：僕は日帰りでもいいから，旅行に行ってみようかなと思えるようになりました。

増渕：いいですね。夏の終わりに元気になったお2人にお会いできるのを楽しみにしています。

◆ 「英単語書き書きくん」を使って

　教科書の単語の中から書けるようにしたい語16〜20語を選び，右のようなプリントを作る。生徒はプリントの英語の部分を隠し，日本語を見ながら下の空欄に単語を書いていく。1枚のプリントで3回（3時間分）練習できるように作ってある。

　プリントを山折り，谷折りのところで折り曲げ，英語の部分を隠し，日本語を見ながら【1回目】のところに英語を書いていく。書き終わったら，プリントを開いて元の形にして赤で答え合わせをする。大部分の生徒が取り組んでくれた。

英単語書き書きくん

日本人	名前	写真	宇宙
送った	多くの	国	メッセージ
世界	美しい	森	川
ここに	〜しなければならない	地球	残す
子どもたち	考えた	重要な	人びと

Japanese	name	picture	space
sent	many	country	message
world	beautiful 谷 折り	forest	river
here	must	earth	leave
children	thought	important	people

------------------------------ 山折り ------------------------------

【1回目】　　／20

【2回目】　　／20

【3回目】　　／20

第6章
夏休み明けのスタートでひと工夫

○夏休みに学んだ成果をどう生かす？

阿野：Ａさん，Ｂ君，夏休みは少しくらい，ゆっくりできましたか？

Ａさん：はい，部活動などで学校には行っていましたが，普段よりは時間に余裕ができて，英語の指導法の本も何冊か読みました。

Ｂ君：僕も久しぶりに友人と旅行にも行ってリフレッシュできました。研修会にも何回か参加して，たくさんのヒントをもらいました。2学期からどんどん新しいアイディアを取り入れたいと思います！

萩原：夏休みにしっかりと研修した2人の頭の中では，「あの活動はすごい！」「これもやってみよう！」と理想の授業がぐるぐると回っているかもしれませんね。でも生徒は夏休みを経ても何も変わっていないというのが現状でしょう。例えば，9月からいきなり All in English の授業になったりしたら，これまで日本語中心の授業を受けてきた生徒は目をパチクリさせてしまいますよ。

Ｂ君：でも今の僕の頭の中には授業改善に向けたアイディアがあり過ぎで，せっかく学んだことはすぐにでも活かしていきたいという気持ちが強いんです。どうしたらいいですか？

太田：あまり欲張らずに，夏休みに学んだことで自分にも簡単にできそうなことから始めてみてはどうでしょうか？　例えば教科書の CD を聞かせる回数を増やしたり，始業のあいさつの後に1分間だけスモール・トークを取り入れたりするなどです。

Ｂ君：少しずつ，できるところからということですね。

増渕：本を読んだり，研修会に出たりした時に，今まで自分がやろうとしてきたことが間違っていなかったと思ったことはありませんか？もしあれば，その実践のレベルを上げたり，少し変化をつけたりすることから始めるのも1つの考えです。

Ａさん：はい，自分が授業でやりたいと思いながらなかなかうまくいか

なかったことが，研修会で見た授業のビデオでは，ちょっとした工夫
でうまくいっていたのです。

阿野：例えばどんなことだったのですか？

Ａさん：ペアワークをする時の指示の出し方や，活動に使うワークシー
トの作り方など，ちょっとした工夫です。例えば，実際にデモンスト
レーションをしながら指示をすることや，ペアワークを終えた生徒が，
パートナーの言ったことをワークシートに書くなどの工夫がいいなあ
と思いました。

太田：いいところに気づきましたね。ちょっとした工夫で，無理をしな
いで一歩ずつ前に進む。これがポイントですよ。

○新学期，１時間目の授業は？

Ｂ君：夏休み後の最初の授業をどう始めるかで特に悩んでいます。

阿野：というと？

Ｂ君：長かった休み明けの授業をいきなり教科書から再開するのではな
く，なんというか…。

阿野：助走を設けて，軌道に乗せるためのきっかけを作りたいというこ
とですね。

Ａさん：私も何か生徒が話しやすい話題などを使って活動から入りたい
と思っていますが，実際に何をしたらいいか考えているところです。

太田：夏休みの経験などを話すのはどうですか？　summer vacation か
ら連想する単語を生徒からたくさん引き出して，先生がそれに情報を
付け足していけば，生徒の会話のヒントにすることができますよね。

阿野：まずは先生自身のモデル提示からですね。

増渕：そう，ＡさんもＢ君も４月の授業開きで「先生の自己紹介」を
されていますよね。ですから９月の授業開きで「夏休みに先生がした
こと」を，行った場所の写真やチケットなどの実物を使って話すとい
うのは，生徒にとっても自然な流れです。太田先生が言っていたよう
に，まずは生徒からキーワードなどを引き出すのはとってもいいです
ね。普段は授業になかなかのってこない生徒でも，自分の夏休みのこ
となら話そうという気持ちになることもありますし。

6　夏休み明けのスタートでひと工夫　37

B君：いいですね。ぜひ夏休みの話題から入りたいと思います。

○夏休み明け，生徒にやる気を出させるには？

A さん：そして問題はその後なんです。夏休みの話題で盛り上がったところで，さらに英語学習に対する動機づけをしていくためにした方がいいことなどありますか？

萩原：9月の初めで冷房が入っていない教室での授業はきついですね。40人の生徒が集まっていれば，教室の温度はさらに高くなります。こうした状況では，とにかく英語を声に出すことから始めるといいでしょう。単語でも文でもいいので，声に出して楽しいもの，面白いものから始めていきましょう。

増渕：夏休みの宿題も活用できますよ。忙しさにかまけて返却が遅れることがないように可能な限り早く点検を済ませて，いいものを授業中

に紹介したり，1人ずつ声をかけながら手渡しで返却したりするなど
して，「今学期も一緒にがんばっていこう」という先生の思いを言葉
にして，生徒1人ひとりに届けたいものです。

阿野：ちょっとしたコメントと声かけ。こうしたフィードバックは生徒
のやる気を刺激しますよね。夏休みの宿題ではありませんが，教育実
習に行ってきた学生が，生徒となかなかいい関係を築けないで悩んで
いた時に，生徒1人ひとりの提出物にコメントを書いてあげたことで，
生徒の気持ちを引きつけることができたと言っていました。全員にコ
メントを書くのに時間はかかりますが，その後の指導のことを考える
と，実は大切なことなのですよね。

B君：1学期は提出物に検印だけを押して返すことが多かったので，
ちょっとしたひと言も書いてみるようにします。

阿野：生徒にやる気を出させるということでは，生徒自身が達成感や伸
びているという実感を得る場面を作ることも必要ですよね。

太田：そうですね。9月ならば，1学期よりもできるようになったと感
じさせるのはどうでしょうか？　例えば，1学期に習ったところの
CDを聞いてメモを取る。CDを聞いて関連するピクチャーカードを
選ぶなど，1学期に習ったことを思い出して，「あ，少しは伸びたかな」
と感じさせることができれば，「もっとがんばろう」と思う生徒もい
るはずです。

Aさん：先に進めるばかりでなく，戻ることも忘れてはならない視点で
すね。

○帯活動を始めるならば

B君：1学期は何もかもが無我夢中という感じでしたが，新学期からは
継続的な視点に立った帯活動を取り入れたいと思っています。おすす
めの帯活動があれば教えてください。

太田：これもそれまでに習った範囲の復習がいいと思います。音読はど
うですか？

阿野：音読を習慣化させるためにも帯活動で使うのはいいですよね。私
が中学で教えていた時には，ラジオ講座「基礎英語」で前の月に学習

6　夏休み明けのスタートでひと工夫　39

した英文を，１か月分を通して，生徒に１人 10 秒くらいずつ順番に音読発表させていました。高校で教えていた時には，前の時間までに学習した範囲の教科書の英文をシャドーイングさせていましたが，どんどん音読が上手になって，英文も頭に残るのでかなり効果的でした。

Ａさん：繰り返し復習するために，音読の時間を帯活動で確保するというのはいいですね。

増渕：帯活動の目標にパフォーマンステストを設定するのも効果的です。例えば，１か月後に ALT との会話テストを設定し，それに向けて帯活動として毎時間１分ずつ会話の練習をするという具合です。

萩原：増渕先生も言われているように，２学期末や年度末に生徒にできるようになってもらいたいことに向けて少しずつ帯活動で積み上げていくのはいいですね。

Ｂ君：萩原先生は高校でどんな帯活動をされているのですか？

萩原：今年度は，生徒同士で英語による Q&A の活動をしてもらいたいと思っています。そこで，まず一般動詞の疑問文の作り方をカードを使いながら説明して，クラス全体で確認した後にペアで練習します。次の段階は，「疑問詞一覧」のハンドアウトを使って疑問詞の使い方の練習をします。間違えやすい "What color ...?" や "What sports ...?" なども取り上げます。第３段階では，一般動詞の疑問文と疑問詞を統合して wh- で始まる疑問文を作る練習をします。この練習は「英語表現Ⅰ」でやっている帯活動ですが，最終的には，「コミュニケーション英語Ⅰ」の教科書にある英文について，生徒が質問を作り，それをペアで練習できればと考えています。

Ａさん：帯活動も，まずは何のためにするのか目的をしっかり考えてから，具体的な活動を考える必要があるのですね。

○音読の声を大きくしたい

Ａさん：実は１学期の後半から，生徒の音読の声が小さくなってきているのです。新学期に盛り返したいと思っていますが，不安なんです。

阿野：これは９月のスタートが勝負ですね。先ほどの帯活動での音読とも関係しますが，生徒が内容をよく理解していて声に出して読むこと

ができる題材をうまく活用できるといいですね。

太田：そういう意味でも，またまたですが，1学期に学習した範囲の音読はどうですか？ 阿野先生がよくやっていた，復習として教科書CDに合わせたシャドーイングや，ペアで読ませるのも良い方法かと思います。阿野先生，ちょっと説明してもらえますか？

阿野：高校の教員をしていた時のことですが，生徒への復習の課題を「その日に習った教科書本文を，シャドーイングできるようになるまで音読してくること」というものにして，次の授業のはじめにクラス全員で教科書CDに合わせてシャドーイングをしていました。すでに内容を理解していて，前の授業で音読練習を繰り返している英文なので，シャドーイングでの音声についていけるんですね。さらに，ペアになって1人が英文を読み，もう1人が教科書を閉じた状態で相手の読む英語をモデルにしてシャドーイングをしていくと，自然と生徒の声も大きくなり，そのまま授業中の音読でも大きな声を出すきっかけになってきます。高校生でも大きな声を出すようになりますが，中学校に異動してからこの活動を行ったら，周りのクラスに迷惑がかかるくらいに大きな声を出した音読活動になってしまいました（笑）。

増渕：それ以外にも，リズムに合わせて英語を発音するチャンツは短時間にできて，声を出すいい練習になります。生徒は夢中になると，自然に声も大きくなるものです。

萩原：夢中にさせるということなら，状況設定をしての音読練習もいいですよ。

B君：どんな状況設定をするのですか？

萩原：例えば，"Going, going, gone! It's a homerun!" と絶叫するスポーツアナウンサーになりきってみたり，"What a beautiful sunset!" と美しい写真を見ながら言ってみたりするなど，演劇的な手法を使うのも楽しいです。

Aさん：ただ音読をするのではなく，場面や意味を伴った音読ですね。

○「共通の指導方針」でもできること

B君：僕は新任ということもあり，1学期は同学年を担当する先生の方

針で授業をしてきましたが，これからは研修会などで学んだことも活かしていきたいと思っています。今は，ノートの左半分に英文を写してきて，右に日本語訳を書いてくるという方針に従って進めています。でも，できれば音声から教材を導入して，予習よりも復習に時間をかける指導にシフトしたいのです。

太田：ちょっとずつの反乱（？）はどうでしょう。例えば，予習として写してくる英文と訳を一部分に絞り，残りを復習でさせるとか。

増渕：宿題チェックを授業で学習した後にするといいですよ。点検されなければ生徒は自然と，予習をしてこなくなると思います。

阿野：でも最終的には点検するので，生徒は授業後の復習に自然とシフトしていくということですね。ここでもポイントは，一気に改革するのではなく，現状から少しずつ授業改善をしていくということですね。

Ａさん：いろいろとアドバイスありがとうございます。夏休みに学んだことをもう一度整理して新学期に備えたいと思います。

第7章
英語を使う雰囲気を作ろう

○なぜ授業で英語を使うのか？

萩原：Aさん，浮かない顔つきですね。何か気がかりなことがあります
　　　か。

Aさん：実は，初任者研修の一環で来月に校内で研究授業をやらなくて
　　　はいけないんです。他教科もふくめて多数の先生が参観されるとのこ
　　　とで，今から緊張しています。

B君：僕もなんです。しかも，研修担当の先生からは「英語をできるだ
　　　け使った授業」をするようにと言われていて，まだ日本語中心の授業
　　　をしている僕は，これはまずいなと内心あせっているのです。そもそ
　　　も，なぜ英語を使って授業をしなくてはいけないのか，という根本的
　　　なところが自分の中で解決できていないのです。

阿野：英語を使わずに身につけることはできませんよね。英語は言葉で
　　　あり，言ってみれば英語は実技教科の仲間ですから。歌を歌わない音
　　　楽の授業や，絵を描かない美術の授業が成立しないのと同じで，英語
　　　を使わない英語の授業では，英語の力がつかないのはもちろんのこと，
　　　生徒の英語学習に対する動機づけにもなりません。どんな生徒の心の
　　　中にも「英語が使えたらいいな」という気持ちはあるものです。この
　　　気持ちを大切にしたいですよね。

太田：もし外国で日本語の授業を見た時に，日本語が聞こえてこない，
　　　あるいは，ほとんど日本語以外の言語で授業が行われていたら，どう
　　　思いますか。やはり変ですよね。英語の授業で英語を使うことは，イ
　　　ンプット，インタラクション，アウトプットと言語習得に必要なこと
　　　を増やすことになりますね。

○英語を使う雰囲気作り

B君：日本語中心の授業から英語を使う授業に変えるには，まずはどこ

7　英語を使う雰囲気を作ろう　43

から手をつけていったらいいのでしょうか。

阿野：まずは教師が英語を使える場面で，少しずつでもいいので，英語を使いながら生徒とインタラクションを取りましょう。授業開始前のちょっとした会話や，出席確認，スモールトークなどを通して，気づいたら授業で英語を使っていたと生徒に思わせることです。

太田：私もスモールトークをおすすめします。英語をコミュニケーションの言葉として使う第一歩として，また英語でコミュニケーションする雰囲気を作るために，担任の先生が学級活動でおしゃべりする感覚で気軽に話してほしいと思います。ちょっとしたことでも先生が英語を使うことが英語を使う雰囲気作りになります。

増渕：サッカーのワールドカップがあったときに，ある先生はこんなことをしました。授業中に試合が行われていたため，生徒たちは気が気でなかったようです。そこで，その先生は，職員室で進捗状況を確認してから授業に行き，試合の様子を英語で伝えるようにしたところ，中学1年生でもよく聞いて，一生懸命反応していたと話していました。生徒たちは先生の話す内容に集中していて，「気づいたら英語を使っていた」となっていたのではないでしょうか。盛り上がる様子が目に浮かびます。生徒の落ち着きのないところを，逆手にとってインタラクションの材料にしてしまえるなんて英語科ならではですね。その先生は，簡単な英語で伝えられて生徒を引きつけられるようなネタがないか，どこにいても，何をしていても，常に考えていると話されていました。

Aさん：私の場合，授業中に英語で話しかけても，生徒から日本語で返ってくることが多く，どうしたらいいかわからなくなってしまうんです。

阿野：少なくとも生徒は教師の英語を理解して返してきているので，まずは良しとしましょう。このような場面を多くの授業で見ていますが，数回のやりとりの中で次第に生徒の口から英語が出てくることはよくあります。

萩原：生徒から返ってきた日本語を英語にして生徒に返すようにしてはどうでしょう。生徒が「ああ，そう言えばいいんだ」と思ってくれたらしめたものですね。

阿野：スモールトーク以外にもクラスルーム・イングリッシュも有効です
　よ。授業などの指示は，実際にコミュニケーションの手段として英
　語を使う場面ですからね。それに毎時間同じような表現を使うので，
　生徒も自然に使い方と意味を理解し，大きな負担なく英語を理解し行
　動できます。これが授業でのさまざまな言語活動で英語を使うための
　準備にもなると思いますし，英語での授業のリズムを作ることもでき
　ます。

増渕：中1では，小学校で行われている英語授業との接続も考えるとい
　いですね。中1の授業で活動の切り替えがうまくいかない時に，"Put
　your hands on your lap." と指示したら，瞬く間に静かになったという
　ことがありました。また，ビンゴの後，生徒が "Can I have a sticker,
　please?" ととてもきれいな発音で聞いてきたので驚いたこともありま
　す。出身小学校で使われてきたクラスルーム・イングリッシュがわか
　れば，うまく取り入れてあげたいですね。

○教師の英語使用，生徒の英語使用

B君：今話題に出たスモールトークやクラスルーム・イングリッシュか
　らであれば，僕もできそうな感じです。でも，両方とも基本的に先生
　が英語を使うわけですよね。生徒にどのように英語を使わせたらいい
　のでしょうか。

Aさん：私もそのへんが知りたいです。夏休み中に，ある市販の DVD
　で授業を見ていたら，先生がネイティブ並みの英語でずっと話されて
　いて圧倒されてしまいました。私にはとても真似できないと逆に落ち
　込んでしまったんです。

阿野：「英語で授業」が話題になると，「教師が英語でまくしたてる」よ
　うな授業を連想する方がいらっしゃいます。でも英語を使ってもらい
　たいのは生徒ですよね。生徒が英語を使うために教師も英語を使うと
　いう点がもっとも大切です。もし教師が1人で英語を話してばかりい
　たら，一方通行の授業になってしまい，結局生徒が英語を使う場面は
　なくなってしまいます。

太田：教師が英語を使うことは一方通行ではなく，生徒とやりとりをす

7　英語を使う雰囲気を作ろう　45

ること，つまりインタラクションすることが大切だと思います。

萩原：私の場合も，教材内容をオーラル・イントロダクションで導入する場合，一方的な語りにならないように，質問を英語で投げかけたり，重要な単語や英文を生徒に言わせたりするようにしています。生徒とのやりとりにリズム感が出るよう，意図的に日本語をまじえることもあるんですよ。

B君：へぇ，授業全部を all in English で進める必要はないのですね。日本語との使い分けはどう考えたらいいのでしょう？

阿野：英語を使った方がいいのが，なんと言っても教師と生徒のインタラクション，そして生徒同士のインタラクションの場面でしょう。インタラクションが行える教室での授業だからこそ，英語を使う意味があります。ちょっと考えてみてください。「基礎英語」などのラジオ講座は，日本語で放送していますよね。それは授業のように生徒とのインタラクションを取ることができないので，生徒の英語を引き出していくのが難しいからです。つまり，英語のキャッチボールが行える場面は英語で，そして，教師から生徒への文法の説明などは日本語の方が簡潔に済ませることができます。

○新教材の導入での英語使用

太田：インタラクションという点では，新教材の導入でも英語が効果的に使えますね。

Aさん：ぜひ詳しく聞きたいです。

太田：新出文法の導入をする時に，教師がまずその文法を使ってみせて，生徒に use（どんな時に，なぜ使うのか），meaning（どんな意味か），form（どのような形か）を考えさせるように導入するといいですよ。

Aさん：例えばどんなことでしょうか？

増渕：先週，have to の導入をしました。まず，私が毎朝しなければならないことを英語で話します。朝6時半にはバスに乗らなくちゃいけないんだけれど，その前に朝ごはんを作って，お弁当を作って，犬の散歩に行かなくてはいけない。だから，5時前には起きている，といった具合です。この時点で have to は未習ですが，日課についてはそれ

までに何度か話題になっていることもあり，生徒はリラックスして聞いていました。話のあと，内容確認のため，簡単なQ&Aを英語でします。英語が苦手な生徒たちも，このQ&Aを通して，もう一度have to に触れ，耳に慣らしていきます。概要がつかめたところで，文法事項を考えさせ，教師が日本語の説明をして補います。生徒は場面を通して文法を理解しているので，長々と話す必要はありません。太田先生の言われたように，use, meaning, form の3つのポイントを2〜3分で説明して，すぐに口頭練習に移ります。

Aさん：最初から文法を日本語で説明するよりも，生徒が英語に触れる時間はずっと多くなりますね。

増渕：そうですね。この授業では，ALTに自国の子どもたちのchores（お手伝い）について紹介してもらって，生徒たちが自分のことを言ったり，自分の理想のhouse rules（家の決まりごと）を書かせたりしました。

B君：文法導入で使った英語は，生徒のアウトプットのモデルにもなるんですね。高校でも英語で文法の導入をすることが多いのでしょうか。

萩原：高校では，教材内容が高度になるので内容中心のオーラル・イントロダクションを行うことが多いのではないでしょうか。生徒が予習をしていない場合，いきなり教科書の新しいページを開いても，生徒は自力で英文を読めないでしょう。そのまま進めると，教科書の単語の意味の確認，教科書の全文訳というようなパターンに陥りがちになります。

　一方，オーラル・イントロダクションで新教材の内容について導入しておけば，生徒が教科書を開いた時，その情報を手がかりにして自力でイメージ化しながら読むことが可能になります。この3月に行った生徒対象のアンケート結果では，「本文のイメージがわく」「リスニング力アップにつながる」「教科書に書かれていない情報も得られる」「普通に教科書を読むだけより頭に入る」などの声が寄せられました。予習を生徒がやってくる高校では，オーラル・イントロダクションの時に予習してきたことをリスニングという形で確認できますね。

○生徒同士のインタラクション

B君：生徒同士のインタラクションというと，やはりペアワークでしょうか。高校ではあまり盛んではないようですが。

阿野：生徒にとって，英語を使いやすいのはなんと言っても生徒同士のやりとりの場面です。だからこそのペアワークとグループワークですよね。そして，こうした活動では，生徒全員が一度に英語を話すことになるので，生徒の絶対的な英語の発話量を確保することができます。

Aさん：ペアワーク，グループワークを行う時に注意することはありますか。

萩原：よく見かけるのは，全体での練習が不十分な状態でペアワークに移行してしまうことです。クラス全体で練習した後，何人か個人で言わせてみて，ペアにまかせても大丈夫だと確認してから活動に移ることが重要です。また，ペアのどちらから始めるかなどやり方を明示しておくことも必要ですね。いったん始まったペア活動をストップさせて指示を出し直すのは大変です。

太田：活動中は，生徒がうまく言えているか，困っていることがないかを先生がモニターすることが意味を持ちます。ペアワーク，グループワークが終わった後は発表させるといいですね。

B君：なるほど。使わせっぱなしではなく，フォローするということですね。ありがとうございました。これで，英語を使った授業作りができそうです。

増渕：いつも言うことですが，いきなり全部やるのではなくて，様子を見ながら少しずつですよ。研究授業がうまくいきますように！

第8章

バランスよく授業に
取り入れたい言語活動

○活動だけで授業が終わってしまった…活動の目的・位置づけ

Aさん：同じ学校の10年目の先輩にこう言われたんです。「あなたは授業でアクティビティばかりしているけれど，それでは力がつかないわよ。目的を持ってやっているの？」生徒たちは楽しんでいるし，それでいいかなと私は思っているのですが，これっていけないのですか？

阿野：ひと言で「アクティビティ（活動）」といっても，問題はどんなアクティビティかですよね。生徒たちが楽しそうに活発に取り組んでいても，活動内容をよく見てみると，何ができるようになるためにしているのか，目的がはっきりしないものもあります。これでは「楽しいだけ」で力がつかないですよね。その日のターゲットになる言語材料を繰り返し使用するようにコントロールされたアクティビティ，つまり，定着を図るためのアクティビティで生徒が積極的に取り組むものならば，どんどん取り入れていくべきでしょう。

増渕：今は小学校でもいろいろな活動をしていますし，せっかく中学校でもっとくわしく英語が学べると思っていたのに，どんな力がつくかもわからない活動が続いてしまっては，生徒はすぐ飽きてしまって授業自体が成り立たなくなってしまうかもしれません。その先輩もそれを心配して忠告してくれたのではないかしら。短時間でも授業を見せてもらって，ねらいの立て方について質問してみるといいですね。

Aさん：活動の目的を考えるのですね。どうすればいいのですか。

阿野：1つ例を出しますね。私のゼミの卒業生で，毎時間さまざまなアクティビティを考えていて，「英語が楽しい」という生徒を増やしてがんばっている中学校の先生がいます。彼女は一時期，そんなにアクティビティばかりしていて本当に生徒に力がついているか悩んでいた時もありましたが，2年間教えた生徒の地域の学力調査の結果が他教科に比べて断トツに高く，それから自信を持って取り組んでいます。

8　バランスよく授業に取り入れたい言語活動　49

彼女は，どういう活動をしたら新出言語材料を繰り返し使えるかを考えながらアクティビティをしているんですよ。

Ａさん：どういう活動をしたら新出言語材料を繰り返し使えるか…ですね。考えてみます。その他に気をつけることはありますか。

太田：活動をする時は，生徒たちにさせっぱなしでなく，様子をモニターしましょう。がんばっている生徒は誰か，うまく取り組めていない生徒はいないかと気をつけてみましょう。

阿野：そうして活動を終えたら，まとめとして，活動を通して「何ができるようになったか」あるいは「できるようになっているか」を生徒と一緒に確認する時間を取ることが大切ですね。ターゲットの文をクラス全体で声を出して言ってみたり，自分が言った文を書いてみたりしてもいいでしょう。

○説明だけで（活動なしに）授業が終わってしまった…

Ｂ君：僕は逆の状況です。説明だけで授業が終わってしまうことが多くて，生徒はつまらなそうだし，どうしたらいいでしょうか。

阿野：何のために説明しているのかを考えてみてくださいね。説明を通して生徒が「できるようになっているか」を確認しなければ，説明した意味がなくなってしまいます。できるかどうかは，活動の中で使ってみなければわかりません。いくら泳ぎ方を説明していても，実際に泳いでみなければ，その説明が役に立っているかわかりませんよね。

萩原：教科書の本文について全文和訳する，また全部説明する，というのは先生も生徒も不安になるからでしょう。とりあえず全部説明しておけば先生も安心です。私も若い頃は一生懸命説明すれば生徒が理解してくれると思っていました。ところが，定期テストを採点してみると，あれだけ説明したのに全くできていないということを何度も経験したのです。特に文法事項がそうでした。説明を１回したくらいでは決して生徒には定着することはなく，何回も出会う中でだんだんと理解する生徒が増えてくるということが次第にわかり，それからは文法事項との「出会い」をできるだけ増やすようにしています。

Ｂ君：でも説明をしなくてはいけないことが多くて…説明しないと生徒

は不安そうだし…。「コミュニケーション英語」はまだしも,特に「英語表現」では文法解説と問題演習に時間がかかってしまって,活動まで時間が取れないんです。

阿野:確かに「英語表現」の教科書によっては,説明と練習問題が大部分を占めていて,教師の一方的な説明で終わってしまう場合が多いようです。でもそれは,そのレッスンを通して「何ができるようになるか」という目標を立てていないからですよ。活動として「何をできるようにさせたいか」というゴールを決めれば,そのために必要な部分を重点的に扱い,後は使わせながら定着させることができますよね。例えば,「中学の時から続けていることについて発表しよう」という活動を目標にして,現在完了形と現在完了進行形を使い分けられるようになるというようにです。そして,活動をしてみることで,「使えるようになったか」を評価できますからね。

萩原:授業でしかできないことにウエイトを置いて授業構成を考えたり,最後にやりたい活動から backward に授業手順を考えてみたりすることも必要ですね(次ページ表参照)。私も今年度初めて「英語表現Ⅰ」を担当しており,授業作りに試行錯誤の毎日ですが,文法解説は優先順位をつけて重要なものに絞っています。問題演習の答え合わせをペアでやらせたり,その解説も生徒がつまずきそうなものだけにして,残りは解答を配布して自分で答え合わせをしたりするなど「効率化する」工夫をして,生徒がさまざまな「活動」をする時間を生み出していくように心がけています。

Aさん:その文法事項が使えるようになるための説明ですね。

太田:そうですね。または最小限説明して,そして使わせてみて,困っていたら説明をするという流れもありますよ。

Aさん:説明の量と位置,いろいろ工夫できるのですね。

B君:わかりました。説明の量を減らし,それで時間ができたら音読をいろいろなバリエーションで行います。生徒に音読でたくさん活動させます。

太田:B君,ちょっと力が入りすぎていませんか?

阿野:もちろん音読も大切な活動です。音読は学習事項の定着を図るた

表　ストーリー・リテリングをゴールとした授業の backward デザイン

ストーリー・リテリング
生徒に再生してもらいたいモデル原稿を作成する。生徒に配布するワークシートにはキーワードと写真またはイラストのみでよい。

↑

Q & A
ストーリー・リテリングで再生させる英文（すべてでなくてもよい）が答えとなるような質問を生徒に投げかけ，教科書を見ずに口頭で答えを言わせたあと，クラス全体で mim-mem（mimic and memorize）を行う。

グラフィック・オーガナイザーを使っての本文概要の口頭再生
内容理解で使用したグラフィック・オーガナイザーのプリントを見ながら，教科書本文の概要を教師の補助を借りながら，口頭で再生する。

↑

負荷をかけた音読活動
リード＆ルックアップ，穴あき音読，リッスン＆リピートなど。（本文参照）

オーラル・イントロダクション
ストーリー・リテリングで生徒に使わせたい英文については，導入の中でリピートをさせておく。

　　めには欠かせませんが，音読を通して定着したかを評価するための自
　　己表現活動が必要ですね。こうしたゴールがあるからこそ，音読練習
　　にも身が入るというものです。

萩原：音読にもいろいろなやり方がありますが，だんだんと負荷を高め
　　ていって，リード＆ルックアップや穴あき音読，リッスン＆リピート
　　（教科書を見ないで繰り返す）など生徒の頭に自然と英語が残る音読に
　　発展させていきましょう。そして，音読の成果を確認するため教科書
　　の内容を写真・絵，キーワードなどを見ながら自分の言葉で再生して
　　いくストーリー・リテリングやサマリー・ライティングなどの活動を
　　取り入れていくようにするといいですよ。

B君：「音読の成果」ですか？　音読ができるだけでもいいのではない
　　ですか？

太田：いいですが，音読がゴールではなく，音読をたくさんしたことによって，リテリングや要約ができたという方が，音読をする意義がより実感できますよね。

Ａさん：痛いところを突かれた思いです。音読がゴールではいけないですね。

太田：そういう私は，Ａさん，Ｂ君の年齢の時には音読すらろくにやりませんでした…。

阿野：太田先生，久しぶりの「若き日の過ち」ですね。

○「活動」ってそもそも何を指すの？

Ｂ君：ところで，「活動」ってそもそも何を指すのでしょうか？　すみません，ちょっと混乱してきてしまって…。

阿野：活動にもいろいろな段階があります。語句を機械的に入れ替えるドリル的なものから，自分で考えて発信するタスクまでさまざまです。どれも大切な活動なので，生徒の定着度や学習段階に応じて使い分けましょう。

萩原：やろうとしている「活動」が先生や生徒に答えがわかっている活動なのか，それとも答えがわからない活動なのか，ということもやる前に考えてみてくださいね。大ざっぱに言って，前者は学習活動，後者はコミュニケーション活動ということになります。

Ｂ君：ありがとうございます。なるほど「学習活動」か「コミュニケーション活動」か，この分け方は大切ですね。

Ａさん：私はどうしても音声の活動に偏ってしまいがちなのですが，バランスをとるって難しいですね。

増渕：自分が話したことや友だちから聞いたことを書かせるのはどうでしょうか。活動後なら苦手な生徒も書きやすく，また，音声の活動では見過ごされやすい誤りも確認できます。そして，まとまった量の英文を書いたら，クラスで読み合うのもいいですね。作品にたくさん触れるうちに英文の構成に慣れるので，読むスピードが速くなります。友だちのこともわかって楽しいと，評判の良い活動です。

阿野：そうですね。読んだり書いたりすることも大切な活動ですね。読

んだことをもとに話したり，聞いたことをもとに書いたりするなど，複数の技能を統合させて活動すれば，それだけ意味のある活動になり，また，同じ教材を繰り返し使うことにもなるので，生徒の定着度も高まります。太田先生がよく言っている「一粒で二度おいしい」という私たちの世代だけで通じる（?）言葉の通りです。

B君：「一粒で二度おいしい」?　すみません。つまり１つの活動でいろいろできるということですね。

太田：そうですね。阿野先生，やはりこのフレーズはもう過去のものなのですね…。

萩原：フレーズは過去でも，発想は今でも十分通用しますよ。活動した後に，生徒に発話した英語を書かせることは大切ですよ。授業中に書かせる場合は，個人差があり時間がかかるので，ターゲットとなった１文でもいいと思います。話した英語は音声なので消えてしまいますが，それをノートに書いて定着を図るということはとても重要です。書かせてみると，実は生徒がわかっていなかったというのはよくあることです。私にも苦い経験があります。

B君：えっ，ぜひ聞いてみたいです。

萩原：「英語Ⅰ」の授業でストーリー・リテリングがかなりスムーズにできるようになり，前に出てきて黒板を使っての発表もなかなかうまくできていたので，リテリングと同じ写真やキーワードを載せたワークシートを使って，サマリーを書く宿題を出したのです。Animal therapy を扱った課で，"Dolphins and horses can help people, too." という英文がありました。提出されたサマリーを見ているうちに，習熟度の低い基礎クラスの生徒数名が "*Dolphins and horse is can help people, too." と書く共通した誤りがあることに気づきました。口頭では目立ちませんでしたが，書かせてみて，「なるほどな」と思いましたね。次の授業ですぐに生徒にフィードバックをしましたが，指導の盲点に気づかされました。英語の授業は奥が深いですね。

Aさん：生徒に活動させるからわかるのですね。私も気をつけます。

太田：活動の前後を考える，これで活動が活きてきますね。

第9章

内容理解・和訳の取り扱い

○そもそも内容理解って何？

太田：Aさん，B君，冬休みがもうすぐですね。4月から8か月がんばってきましたね。

Aさん：ありがとうございます。授業をすることにはずいぶん慣れてきました。でも新しい課題が次から次へと…。

萩原：よくわかります。今の課題は何ですか？

Aさん：それは教科書本文の扱い方です。教科書本文に入ると授業がつまらなくなってしまって。そもそも内容理解って何を指すのでしょうか？

B君：僕も同じです。内容を理解できているかどうか，確認するためには何をすればいいのでしょうか。

阿野：何を知るために読むのか，あるいは何を表現するために読むのか，目的を明確にすれば内容理解のねらいと方法も決まってきますよね。概要をつかむためなら，文章全体の構成をつかんでキーワードを拾っていくなどになります。入試問題の長文読解対策なら，必要な情報を文章の中から探していくトレーニングになるでしょう。少なくとも，英語から日本語への変換だけが内容理解ではないですよね。

太田：阿野先生に言われてしまいました。私も読む目的によって内容理解の度合いが違ってきますよ，と言いたかったのです。

増渕：私にとっての「教科書本文の内容理解」のいちばんの目的は，英文を楽しむことです。私は本を読むのが大好きです。だから，中学1年生の短い英文でも読むのがとても楽しいです。何度も同じ文章を読んで，いろいろな想像をして，飽きることがありません。その気持ちを生徒にも味わってほしいなと思って授業をしています。

萩原：内容理解というと，どうしてもリーディングによるものを中心に考えがちですが，英語を聞いて理解するという要素も大切にしたいで

すね。教師がオーラル・イントロダクションをすることで概要をつかませ，そこから得られた情報をもとにして，生徒が自力で教科書の英文を読むという活動はどうでしょうか。オーラル・イントロダクションの中で生徒とインタラクションをすると，生徒がどこまで理解できているか確認できます。教師の一方的な語りだけでは，生徒の理解度を測りようがないですよね。オーラル・イントロダクションで生徒が理解できていると判断したことは，開本してから説明しなくてもいいというのが原則です。

Aさん：なるほど，目的に応じて内容理解は変わる，リーディングだけでなく，リスニングでの内容理解もあるのですね。

○和訳以外の内容理解の方法は？

B君：僕は内容理解のためには和訳することがほとんどという状況です。でも何か違うなあという感じがします。和訳する以外で具体的にどうすれば教科書の内容理解ができるのでしょうか？

阿野：授業で内容理解をするメリットを考えてみましょう。生徒1人ひとりが読み取った内容を，教師と生徒のインタラクション，そして生徒同士のインタラクションを通して，書かれている事実を一緒に確認していくことができますよね。そして，英文には書かれていない内容について，つまり生徒自身の意見を述べ合ったりすることで，単に日本語を通して理解するよりも深い読みになりますよね。

萩原：本文の内容を図表の形式でまとめさせる，グラフィック・オーガナイザーという方法やQ&A, T or Fなどさまざまな方法が考えられますね。それぞれに一長一短がありますから，うまく組み合わせて使うといいでしょう。例えば，Q&Aで本文の英文をそのまま抜き出せばいい質問ばかり用意してしまうと，生徒が質問と同じ表現や単語が使われているという手がかりだけで，答えになりそうな英文を機械的に抜き出してしまうことがありますから，英語の質問を用意するにも工夫が必要です。

太田：私がよくおすすめしていることは，教科書に載っている写真を使って，Q&Aをすることです。写真を見せてWhere is this boy? など

と質問し，本文から答えを探させます。英語だけで質問をするより，写真があるので理解の助けになり，生徒たちには取り組みやすくなりますよ。

Ａさん：中学校ではピクチャーカードがあるので，それを使って質問を出し，本文を読み取らせることもできますね。

Ｂ君：和訳以外にもいろいろ方法があるのですね。でも…。

阿野：でも…まだ心配なのですね。

表　内容理解のためのさまざまな方法

内容理解の方法	その特徴
タイトル，見出しをつける，選ぶ	教科書本文のパートまたはパラグラフごとにタイトル，見出しをつけさせる。かなり難しい活動になるので，選択肢を用意して選ばせることから始めるとよい。［最初は日本語でもいいので，キャッチコピーをつくるようなゲーム感覚で取り組ませる。本文の概要をとらえさせる内容理解活動だが，授業のどの段階で取り入れるかは，生徒の実態を見ながら決める］
グラフィック・オーガナイザー	オーラル・イントロダクションを終えたあと，その内容を生徒が教科書を読みながら整理できるように，教師が本文の内容を図式化したものを用意する。空所をいくつか用意し，生徒は教科書を読みながらその空所を補う。グラフィック・オーガナイザーが教科書に載っている場合は，それを使ってもよい。［オーラル・イントロダクションで使用した板書と同じもの，または似たものを用意することによって，英語を苦手とする生徒にも取り組みやすいものになる］
Ｑ＆Ａ	オーラル・イントロダクションを終えたあと，その情報をもとに教科書の概要を自力で読みとらせる。そのために，概要をとらえさせるためのリーディング・クエスチョンを１〜２つ与える。［オーラル・イントロダクションと explanation をつなぐ橋渡しの役割をする］

T or F	T or F を答えさせることによって，生徒の本文理解が深まるような問題を提示するようにする。F の理由を考えさせたり，T とも F とも決めかねる問いを入れることで，理解を深めることもできる。[T or F は局所的な細かい点をたずねがちになるので作成には十分に注意する]
サマリー・メイキング	本文のサマリーを教師が作り，内容語をブランクにして生徒に埋めさせる。[本文のまとめ的な活動に使うこともできる。本文の分量がかなり多い場合，完成したサマリーを使って音読活動をすることもできる]
指示語の確認	オーラル・イントロダクションで理解した内容を手がかりに文と文のつながりを考えながら本文を深く読むことにつながる。教師による explanation の前段階に位置づけるとよい。[生徒は they をみると「彼らは」と機械的に置き換えがちなので，指示語が単数，複数どちらをさすかを確認しながら取り組ませる]
日本語による説明，和訳	Q & A や T or F で内容理解が深まりにくい場合や，英文の構造が複雑な場合などは日本語を使用したい。本文理解の1つの手段として位置づける。

○和訳の役割は？

B君：そうなんです。訳をしないと自分が心配，生徒も心配です。訳は一切しなくていいのでしょうか。するならばどこまで詳しく訳をしたらいいでしょうか。

阿野：日本語は私たちにとっての母語なので，もちろん日本語訳が役に立つ授業での場面はたくさんあります。例えば，英語と日本語の語順が異なる後置修飾などは，英語と日本語を対照させることで，文構造に対する理解が深まります。

萩原：日本語訳を目的ではなく，手段として考えてください。他の方法で生徒の理解を確かめることができない箇所や，日本語訳をさせた方が大幅に時間を短縮できるところは，生徒に日本語訳をさせて理解を確かめてみるとよいでしょう。昨年の校内の研究授業で，まじめそう

な女子生徒が英文を読む時に，すべて日本語訳を書き込みながら読んでいました。これでは，英語を読むスピードは上がりません。「自分がわかっているところは，訳を書かなくても大丈夫だよ」というアドバイスを一言与えるだけで，彼女の読み方が変わりました。

Ａさん：なるほど，訳をする必要がある部分だけ和訳すればいいのですね。

増渕：そうですね。訳すことが目的になると困ります。しかも，訳していても，深く理解しているとは限りません。例えば，友だち同士の会話なのに，です・ます調で訳していたら，それはおかしいですよね？

Ｂ君：確かに…。

Ａさん：和訳の使い方はわかりました。必要な部分はどこか，まず絞るところから始めてみます。

Ｂ君：生徒は和訳をほしがります。和訳を渡してもかまわないのでしょうか。渡すとしたら先渡し，後渡しなど，どのタイミングが適切でしょうか。

阿野：授業の目的によりますよね。英文の構造や内容が複雑な場合は，先に日本語に目を通すことが読解の助けになることもあります。「この日本語，こんなふうに英語で表現できるんだ」という発見もあるでしょう。でも初見の英文が読めるように指導したい場合には，英語から入り，確認のために和訳を渡すといいと思います。私が高校で教えていた時には，授業の終了後に希望者に和訳プリントを渡していました。

萩原：個人的には，和訳先渡しという方法には疑問を持っています。教師がさまざまなタスクを与えるという方法でもいいので，生徒には自力で英文と格闘してもらいたいという気持ちがあります。生徒が自力で読むことなしには，英語を読む力は伸ばせません。ただ，授業内の「説明」で扱えることは限られており，教師側でこれはわかるだろうと判断したことを生徒が全く理解していないこともよくありますから，和訳を「説明」が終わった後で念のために渡すようにしています。ただし全文訳を渡す際には，同じ科目を担当している先生にも事前に了解を取るようにしてくださいね。

Ｂ君：和訳も奥が深いですね。

○文法説明はどこまで詳しくしたらいい?

B君:ところで,高校は本文で文法や語法に関して解説をする箇所が多くて…,どこまで詳しく行うべきでしょうか。

Aさん:私も同じ悩みを抱えています。どうしても文法の説明も必要に感じて,そこに時間を割いてしまいます。

阿野:もちろん文法の説明で生徒の理解を助けることは必要です。でも,教師が説明をすればそれだけ生徒が英語を使えるようになるか,考えてみる必要がありますよね。教師の説明の時間が増えれば増えるほど,生徒が実際にその文法を使う時間が減ってしまいますよ。教科書の文脈を使って,生徒に文法の意味と使い方を考えさせて,そこから確認のために説明をすればどうでしょうか?

Aさん:阿野先生,具体例を教えていただけますか。

阿野:ある高校の教科書に,険しい顔をした幼い男の子が赤ちゃんをおんぶしている終戦直後の写真が載っています。この赤ちゃんについて,"The little head was tipped back as if the baby were fast asleep." と書かれていますが,ここで仮定法が使われている理由を生徒に考えさせます。「ぐっすり眠っているかのように」という仮定法の表現から,赤ちゃんは眠っていない,つまり,すでに息を引き取っていることがわかり,和訳だけではわからない深い内容理解を促すことができます。

B君:なるほど! 生徒が説明を聞きたい状況にしてから説明するのですね。

萩原:取り扱う文法語法について軽重をつけてみてはどうでしょうか。文法語法については,コンパクトに説明し,むしろ次にその文法語法が出てきた時に再度確認する,それを数回繰り返すとようやく少しずつ定着してくるという感じです。この関連で,教科書の中で,該当の文法事項がどの課にどれくらい出てくるかという調査をしておくと,指導に長期的な見通しが出てきますよ。もし,1回しか出てこない文法事項があれば,オーラル・イントロダクションや例文の中に意図的に取り入れていく必要が出てきますね。

○ **ノートの作り方：左側に本文，右側に訳？**

Aさん：予習として左側に本文，右側に訳を書かせています。学校でずっと行っているので私もそうしているのですが…いいのでしょうか。

増渕：これは生徒にさせたくない作業です。習っていない本文はわからないことだらけで，英文を楽しむどころではないでしょうから。

阿野：言葉の学習，言い換えれば言語の習得の順番を考えてみましょう。基本は音声から文字ですよね。発音できないものを書くというのは，生徒にとっては大きな負担になるものです。そして，意味がわからないまま文字を写していくことの効果も考えてみるといいと思います。みなさんが全くわからない言葉，例えばロシア語の文章をノートに写してみてください。時間だけがかかるつらい作業になるでしょう。訳を作るとしたら，辞書を引いてなんとか日本語にするだけの作業になる可能性があります。

　もし，本文を写して訳も書くとしたら，授業でしっかりと内容を理解してから行えば，授業での学習事項の復習にもなり，はるかに学習効果は大きいでしょう。

萩原：私が高校2年生の時には，まず教科書の英文を写す，次に新出単語を調べて単語帳に整理する，それから全文訳をノートに書くという予習をしていました。この予習に3時間かかった時があり，途方にくれたことを思い出します。意味内容がよくわかっていない英語の文章をノートに写すという作業がどれほどの意味を持つのか大いに疑問です。同じ科目を持つ先生方と歩調を合わせることを求められている場合には，教科書のコピーをノートに貼らせるとか，和訳は一部を穴埋め方式にするなど自分なりの工夫をし，生徒の予習にかける時間を短縮する方法も考えられますね。

Aさん：今回は「なるほど」ばかりです！

太田：「なるほど！ザ・ワールド」ですね！

Aさん・B君：？？？？？

阿野：太田先生，そのネタは古すぎますよ…。

Coffee Break 1
教師を長く続けていくために必要なこと

[阿野] ちょっと先を考えてみては？

　次々と押し寄せる日々の仕事。こうした仕事をこなしていると，何のために忙しい毎日を送っているのかわからなくなり，これからずっと教師を続けていくことができるか不安になってしまうことがあるかもしれません。でも，今の仕事の先にどんなことがあるか考えてみましょう。授業準備で追われていても，あなたの授業の工夫次第で笑顔になる生徒がいると思います。学級日誌や提出されたノート，通知表へのコメント書き。時間はかかりますが，書かれたコメントを読んでいる生徒のことを考えてみましょう。コメントを読んで「もっとがんばろう」と思っているかもしれません。部活動の指導では，勉強では力を発揮できない生徒が活躍していて，心温まる気持ちになることはありませんか？　3年間持ち上がった生徒の卒業式。生徒の成長を見て感動できるのも教師冥利に尽きますよね。「今の仕事」は，その先にある未来へとつながっていて，必ず戻ってくるものです。

[太田] 同僚，英語教師の先輩，仲間に助けてもらう

　私が21年間中学校の教師を続けることができたのは，なんといっても同僚と英語教師の先輩や仲間がいたからだと思います。特に新任として着任した学校では，保護者会の進め方，席替えの仕方，教室の掲示物の貼り方など，いろいろなことを教わりました。また英語の授業については，公開授業をする前に，研究会で知り合った先生方，同僚の先生方からいろいろ教わりました。私が最初に立てた指導案は真っ赤になりました（そのときの指導案は私の宝物でまだ取ってあります）。

　教師が1人でできることは限られていて，チームでいろいろ取り組むことで，いろいろな人から教わることで，できることが広がります。長く続けていくためには尊敬できる先生方を多く見つけることですね。

62

［萩原］ 英語力と英語教授力に自信を持つ

　まずは，「自信を持つ」ことだと思います。基本的には英語力と英語教授力の両方についての自信ですね。ある程度の英語力が基礎となって，英語教授力を支えます。たとえば，発音やスピーキングに自信がないと，オーラル・イントロダクションをやったり，発音のモデルを生徒に示すのに積極的にはなれないですよね。自分が苦手だと思っている分野を補強し，バランスがとれた英語力を身につけ，英文法，英語音声学，英語史などの英語教師に必要な知識を吸収しましょう。

　英語教授力に関しては，自分が軸足を置く英語教育の研究会に参加することをおすすめします。授業での悩みや問題を一緒に考えてもらったり，多くの実践を学ぶことができ，教員としての幅が広がるはずです。

　最後にもう1つ。現在の学校現場はあまりに余裕がありません。その中で自分の時間を意識的に持つようにしてください。

［増渕］ 遊び心で乗り切って

　真面目な先生に限って辞めてしまうことが多くてもったいない！　仕事が多く，追いつかないときは遊び心で乗り切って。

　ワークシート1つとっても，毎回作成しなくてもいいのです。ねらいを達成することに絞って工夫しましょう。たとえば，習熟度への対応で紹介した音読シート（第17章）なら，シートの代わりにペンを使います。英文の上に縦にペンを置いて音読させ，ペアでチェックしてペンの数を調整させると盛り上がります。文法のまとめではワークシートの代わりに教科書やワークブックを活用します。生徒は①該当箇所を黙読→②2分たったら閉本し，ペアでジャンケン→③勝った人が負けた人に「何がポイントだった？」と聞いて説明させます。教師は様子を見て補足しますが，生徒は集中すること間違いなし！

第 10 章

入試対策

○授業・定期試験で入試に対応できる力を

阿野：早いもので間もなく入試シーズンを迎えます。生徒たちには，こ
れまでの勉強の成果が発揮できるようにがんばってもらいたいです
ね。

B君：今年度は3年生の担当はしていないのですが，今からとっても心
配なことがあるんです。中間テストや期末テストなどの定期試験では
点数は取れていても，実力テストになるとさっぱりという生徒が多い
のです。このままでは，大学入試で点数を取れるか本当に心配です。

太田：まずは，こうした生徒の学習法を確かめてみるといいでしょう。
試験範囲で習ったことをただ覚えるだけで点数が取れているのかもし
れませんよ。

B君：そうかもしれません。試験前になると，授業でやったことを必死
に暗記していて，それで点数を取っているようです。

太田：それならば，初見の文章を使って，聞き方，読み方の学習法を教
えるといいと思います。

阿野：入試では，初めて接する英文を聞いたり，読んだりすることにな
りますからね。

増渕：授業で指導したら，定期試験でも初見の文章を使った問題を出題
し，そのような学習を後押ししたいですね。丸暗記では解くことはで
きないけれど，授業で身につけた力を発揮すれば解けるというような，
生徒にとってちょうどよいレベルの実力問題は，教えている先生にし
か作れません。私は中学1年生から，そのような問題を入れることを
心がけています。例えば，1つの文章に対して1つだけ問いを作った
読解問題を2つか3つ出題すると，「短時間で初見の文を大量に読み
取る力をつけましょう」という教師からのメッセージになりますね。

B君：でもそれだと点数が取れなくなってしまう生徒がたくさんいると

64

思うのですが。

増渕：B君の言う通りです。そこで私は，このような問題の配点は1問1〜2点と思い切って低く設定しています。不正解でも全体の得点には大きく響かないので，下位の生徒の負担が減ります。一方，上位の生徒たちは90点以上を目指すので，これを突破しないと高得点を取ることが難しくなり，学習への良い刺激となります。

阿野：覚えているかを試す試験ばかりではなく，自分で聞いたり読んだりできる力をつける授業をして，そうした力がついているかを試す試験を取り入れることで，実力テスト，そして入試にも対応できる力をつけるということですね。

萩原：大学入試では長文読解問題の占める割合が高く，しかも近年ますます長くなっています。高い内容把握力を持ち合わせると同時に，ある程度の速さで英文を読める理解を伴った速読力が試されていると言えます。一方，高校の教科書は差があるものの，1つのレッスンがいくつかのパートに分かれていて，1つのパートはだいたい100語から150語といったところでしょう。1つのパートに数時間かけて授業を行っていては，大学入試問題の長文には時間切れで対応できないはずです。

阿野：ちなみにセンター試験では，80分で4,000語を超える英文に対応しなければなりませんよね。

B君：どうしたらいいのでしょうか？　僕の授業では，50分で100語も読めていないスピードです。

萩原：そこで私は最近，教科書1課分，といっても1課が300から400語といった教科書ですが，最初に通読する時間を取っています。オーラル・イントロダクションのあと，簡単な内容把握の問題を与えて，その答えを探すために通読するという練習です。また，3年生の選択授業では，毎週末に "Weekend Reading" と称して教科書1課分くらいの初見の英文を読んで日本語の質問に答える課題を出しています。年間20数回行いますが，これで教科書2冊半くらいの分量をこなすわけですね。長文をたくさん読まなくてはならない状況になっても圧倒されないように，「量への挑戦」も大切かと思います。

10　入試対策　65

○教科書だけで大丈夫？　副教材は？

Ａさん：教科書だけをやっていては高校入試を突破できないと思うのですが，やはり授業では問題集などを教科書と併用していくのがいいのでしょうか？

太田：問題集も使いようだと思います。高校入試のために使うのであれば，文法の弱いところを各自が選んで使うなどの方法がいいですよ。また高校入試に必要な力で，教科書だけで補いきれないものは，長い文章を読んで概要をつかむことです。そのために，普段使っている教科書に加えて，旧版の教科書や他社の教科書を併用するといいと思います。

阿野：あくまで教科書が軸にあって，肉づけを副教材でということですね。

Ｂ君：大学入試の対策は早いうちから始めた方がいいと思うので，高校１年生のうちから副教材をいくつか買い与えて持たせようと思っています。何冊くらい持たせたらいいでしょうか？

萩原：生徒に多くの副教材を持たせている高校があることは認識しています。しかし，少なくとも１，２年生のうちは教科書を中心に授業でバランスの良い英語力をつけておきたいところです。教科書だけで物足りない生徒が多いようであれば，無理のない範囲で副教材を持たせるといいでしょう。その場合には，副教材を授業で全く扱わずに，小テストなどを課して一方的に勉強させるということではなく，少なくとも授業で一部を使ったり，中にある英文を音読したりするなど，授業と家庭学習をリンクさせることが重要です。

阿野：副教材を買い与えるだけで，あとは指導をしないで小テストだけをしていても，答えだけを暗記して，その場しのぎになってしまい，結局，力にならなかったということが多いようです。危険なのは，英語の力をつけずに，問題演習だけを繰り返してしまうことです。問題というのは，力がついたかを試すためのものですよね。まずは，たくさんの英語を聞き，読み，話し，書くトレーニングで力をつけることが大切です。

太田：英語が苦手な生徒にとっては，まず中学校段階で習ってきたけれ

ど，身についていないことは何かを把握して，それに取り組むのが第一歩だと思います。中学校の教科書の単語や文法の復習をするのが私のおすすめです。

B君：単語はやはり単語集での学習ですよね？　僕は1年生の段階から単語集を持たせて暗記をさせ，小テストをしていますが，なかなか生徒が覚えてくれません。

太田：私は生徒として覚えられないことを経験しました。自分にとって何の関わりもない単語を覚えるのは無理でした。覚えてもすぐ忘れてしまうので，小テストの時は覚えていても…という感じでした。今は，まず単語を文脈に入れて，できるだけ生徒に身近な例文にして与えるようにしています。

萩原：私も中学，高校時代に単語集を使って単語力を伸ばしたという経験がないので，単語集を使うことに関しては否定的な立場を取っています。もちろん，単語集を使って語彙力をアップさせてきた先生方がたくさんいることは承知していますが，教科書や副読本に出てきた単語は文脈があるわけですから，それを意識しながら覚えていくという方法をすすめています。「英単語との出会いを大切に」というのが私のモットーです。

B君：でも教科書の単語だけで大学入試に対応できますか？

阿野：『教科書だけで大学入試は突破できる』（金谷　憲編著，2009，大修館書店）という本によると，中学と高校の教科書に出てくる単語だけで，大学入試問題の95.6％の単語をカバーできるというデータがあります。センター試験なら97.2％，東大の入試問題でさえ96.9％のカバー率です。

Aさん：高校入試も大丈夫ですか？

阿野：もちろんです。公立高校の入試問題なら，教科書以外からの単語がある時は原則として注がついているので，単語に関しては教科書だけで完全にカバーできますね。

B君：まずは教科書を中心にしっかりと英語力をつけることにします。そして，問題演習は，受験前の対策としてということですね。

○問題演習での指導方法は？

Aさん：入試対策に限ったことではないのですが，問題演習をすると，授業は答え合わせだけになってしまいます。他に何か方法はありますか？

太田：私のおすすめは，問題を解き，答え合わせをした後に，リード＆アンダーライン，つまり，問題文をもう一度読み，自分にとって役に立つ文（使える！と思う文）にアンダーラインを引くという方法です。各自で考えながら読み，線を引いた後，まずペアでシェアします。アンダーラインを引いた文を音読した後に，どうしてその文を選んだのか日本語で理由を言います。そしてクラス全体でシェアして音読練習です。ペアでシェアする時からクラスの雰囲気が和やかになり，生徒に笑顔が見られます。

問題演習での指導には…

例1　Read & Underline：
問題文をもう一度読み、使える！と思う文に下線を引く

例2　対話文の音読

例3　一文英語自己表現：
ポイントとなる文法事項を使って、生徒にオリジナルの英文を作らせる
→いいもの・ユーモアに富むものをプリントに載せ、授業内にみんなで読み合う「作品の共有化」

増渕：リード＆アンダーライン，いいですよね。私は対話文対策として，音読をさせています。高校入試ではあるトピックについて複数の登場人物が意見を出し合う，比較的長い対話文がよく出題されますが，誰がどんな立場で発言しているのかが読み取れない生徒は多いものです。そこで，グループを作り，登場人物をそれぞれが分担して音読する活動をさせます。その際，視線やジェスチャー，相づちなどの反応を必ず入れるよう指示します。ディベートに参加できず，ほとんど発言のない人物に対し，「こいつ俺みたい」と共感したり，議論をリードする人物を「きっと部長だな」と具体的に想像したり，生徒は助け合って楽しく英文を読み，文脈を読み取ることに慣れていきます。最後にいちばん上手なグループに発表してもらうと，やはり笑顔が出て場が和み，入試問題に対する敷居が低くなってきます。

萩原：文法の問題演習であれば，私のおすすめは「1文英語自己表現」です。ポイントとなる文法事項や語法を使って，生徒にオリジナルの英文を作らせてみましょう。内容的にいいものやユーモアに富むものをプリントに載せ，授業内にみんなで読み合う「作品の共有化」も大切ですね。こちらの活動も感動と笑いにあふれ，何とも言えないいい雰囲気が教室に生まれます。

Ａさん：ありがとうございます！　答え合わせだけではもったいないですね。

○授業と受験勉強

Ｂ君：授業と受験勉強を別のものと考えて，授業よりも予備校の勉強に熱心な生徒が多くいます。また，英語で授業をしていては，入試には対応できないと考える生徒も結構います。

萩原：英語力をバランス良く高めていけば，受験でも十分に対応できます。音読やストーリー・リテリングなどを通して「内在化」した英語力が受験で役に立たないはずがありません。それに，授業で説明などをする際，受験勉強に熱心な生徒の心をくすぐる内容を入れていけば，生徒も顔を上げてくれるのではないでしょうか。predict が出てきたら，単語カードを使って prepare, prewar, dictionary, dictation と接頭

辞や語根の知識を使って既習語をまとめてみたり，英文を読む際にも，同意語が出てきたら「英語は同じ語の繰り返しが嫌い」と同意語を矢印で結んだり，not only が出てきたら「パートナーをお忘れなく」と but 以下を予測させるなど，さまざまな「標語」を使って説明したりしています。単に文法事項を説明するだけではなく，英文を読む際にどのように読んだらいいかという視点の指導も必要ですね。

Ｂ君：先生が先ほど「内在化」と言われましたが，もう少し詳しく説明していただけませんか。

萩原：簡単に言ってしまえば，英文を自分の頭または身体に取りこむという感じでしょうか。私の個人的な学習経験について話してもいいですか。

Ａさん：ぜひお聞きしたいです。

萩原：私が高校時代に受けた英語の授業では，予習で教科書本文をノートに写し，全文和訳をしておくことが求められていました。授業では，生徒が当てられて１文ずつ音読し，予習の和訳を読み，先生がそれを訂正し説明するという繰り返しでした。教科書の音読を授業内でやった経験がありません。

Ａさん：本当ですか？　いま中学校で行われている英語の授業とは全く違いますね。

萩原：そうです。その結果，日本語が頭に残り，英語が「内在化」されていなかったので，英語が全く話せないという状況だったわけです。大学に入ってから，外国人教師が話す英語が聞き取れず，簡単な英語の質問にも全く対応ができず恥ずかしい思いもたくさんしました。そこで一念発起して，ラジオの英語講座を聞いたあと，何回も音読をしてテキストの英語を一語一句完全に再生できるまで練習を繰り返しました。これを数年間続けましたね。それによって英語を書いたり話したりするデータベースが頭の中にできたという感じです。英語を話すときに，それをそのまま取り出したり，語句を置きかえて口に出すということが，だんだんとできるようになってきたというわけです。

阿野：授業にしっかり取り組めば，英語の力がついている，そして受験も大丈夫ということを生徒に実感させることですね。

第 *11* 章
ALT とうまく連携するには

○新しい ALT が来て…

A さん：今まで組んでいた ALT が急きょ帰国してしまいました。新しい ALT は日本で教えるのが初めてとのことで，いろいろと困っています。

増渕：それは大変ですね。でも，年度途中で ALT が変わることは，よくあることなんですよ。

A さん：そうなんですか…。人間関係ができてきたと感じていたところだったので，残念です。

増渕：よくわかります。私も年に 3 回変わった時は，さすがに辛かったです。でも，生徒にとっては，いろいろな人の英語を聞けて良い経験になりますから，前向きに考えていきましょうね。

○授業を ALT に丸投げしない

増渕：いちばん困っているのは何ですか？

A さん：授業内容です。前の ALT はベテランの方だったので，すべてまかせることができました。今は新しい ALT と一緒にプランを考えるようになり，楽しみもありますが，何をすればいいのかよくわからないんです。

萩原：最近，私が気になるのは ALT への授業の丸投げです。教案作り，教材作りはもちろん，授業もおまかせという状況が増えてきているように感じています。A さん，どうですか？

A さん：まさしくそうだったと思います。「おまかせ」ではよくない，ということでしょうか？

萩原：そうですね。JTE が授業内でどれだけ ALT とインタラクションしながら，チームで授業を進められるかが大切だと思います。

A さん：ついついまかせっぱなしになっていました。私にはできないよ

うな雰囲気で ALT がゲームで盛り上げてくれるので…。

萩原：初めて教壇に立ったのですから，無理もありません。今までは学校の流れについていくので精いっぱいでしたよね。でも，どうでしょう。ほぼ 1 年が終わり，少し余裕がでてきたのではないでしょうか。

A さん：はい。授業でも生徒の表情を見ることができるようになってきました。

萩原：それを聞いて安心しました。ALT との TT もこれをチャンスと考え，できるところから変えていきましょう。ALT と一緒に授業を作ることが楽しい，と感じられる今の A さんの気持ちはとてもいいですよ。がんばりましょうね。

○ 「普段の授業」で ALT を活かす

B 君：僕も ALT との授業内容は改善していきたいんです。僕の学校では 1 クラスに年間 9 回しか ALT が来ません。せっかくの機会なので，ただゲームをするのではもったいないと感じています。

阿野：もちろん，そうですね。というか，ALT を普段の授業の中で活用したいですよね。

B 君：「普段の授業で」ですか？　ALT がいる時は特別のプランを立てるものだと思っていました。

増渕：ALT との授業であっても，年間計画や単元のねらいに沿って組み立てていくことが基本ですね。そうすれば，普段の授業の流れの中で，ALT を活かすことができますよ。授業のねらいや指導のポイントも明確になるので，授業プランも作りやすくなると思います。

B 君：まだよくわかりません。具体的には，どんなことから始めればいいでしょうか。

太田：まずウォームアップとして，ALT にスモールトークをしてもらうのはどうでしょうか。

B 君：あ，そうですね！　普段，僕が話すタイミングで，ALT に話してもらえばいいんですね。

A さん：それなら無理なくできるし，生徒たちも興味を持ちそうです。

太田：ピクチャーカードを使って，それまで習った教科書の内容を生徒

ALTとの授業の例
例1　ALTがスモールトーク
例2　習った内容をピクチャーカードでALTに伝える
例3　教科書内容と関連ある教材を作成して使用
「通じた！」という場面を

　　たちがALTに伝えるという活動もおすすめです。ALTにオーディエンスになってもらうのです。
Aさん：オーディエンス…ALTに聞いてもらうということですか？
阿野：そうです。生徒が教科書の内容をALTに伝える活動や，学習した文法事項を活用する言語活動などを通して，「ALTにも英語が通じた！」という場面を作りたいですね。
B君：なるほど。音読やリテリングなどの普段の活動も，「ALTに伝わるように」と意識するだけで，生徒の集中力が違ってきそうです。
Aさん：生徒たちだけではなく，きっと私たち教師も力の入れ方が違ってきますね。目標ができるからでしょうか。こうして，ALTが普段の授業の中で活きてくるんですね。
萩原：その通りです。また，教科書と関連づけるTTも必要ですね。私の学校では，「コミュニケーション英語Ⅰ」でTTをしています。教科書題材の内容に関連のある教材作りをALTにお願いしています。先日の授業では，動物の睡眠について扱ったレッスンの内容をもとに，さまざまな動物を英語で説明する活動を取り入れてもらいました。生徒にとっても，学習したことを振り返り，それを使ういい機会になりました。
B君：面白そうですね。ぜひやってみたいです！

○ ALTとの連携のコツ
B君：ただ…1つ問題があるんです。ALTが自分のやり方がある人で，提案を受け入れてもらえないことが多いんです。そればかりか怒り出すこともあって困っています。
阿野：ALTとアイディアを出し合うことはとってもいいことだと思います。私も高校の教員をしている時に，ALTと打ち合わせをしてい

てけんかになったことがありました。最終的には，私の授業のねらい
を伝えることで，妥協はしてもらいましたが，授業の一部に ALT の
アイディアを取り入れる場面も作りました。

B君：とことん話し合うことも時には必要なんですね。今まであまり打
ち合わせ時間が取れなかったことも，ALT が怒ってしまった原因か
もしれません。

阿野：打ち合わせなしに授業に入ってしまっては，ALT も授業での自
分の役割が理解できないままで，何をしていいかわからない状態に
なってしまいます。メモ程度の略案（授業の進行案）でもいいので用
意をし，短時間でも必ず打ち合わせをしたいものです。

太田：授業後に ALT と振り返りをし，ALT にひと言でもフィードバッ
クをするといいと思います。ある ALT のコーディネーターは，「ALT
が JTE にいちばん求めていることは，フィードバックだそうです。
うまくいったこと，自分が気がついていないことなどについてフィー
ドバックがほしいそうです」と言っていました。

B君：フィードバックも全くしていませんでした。なんとか工夫して時
間を取るようにします。

萩原：そういうやりとりを通じ，JTE は ALT の考えや個性を知り，英
語という技術面だけでなく，彼らが本来持っている人間としての魅力
や文化的な背景も授業の中で引き出していくことができるようになる
と思います。

増渕：私は今までにたくさんの ALT と組んできましたが，それぞれに
思い出はつきません。V 先生は，部活に出たり，給食を一緒に食べた
り，生徒と触れ合うことがとても上手でした。休憩時間の「質問タイ
ム」も快く引き受けてくれ，V 先生の周りにはいつも生徒が鈴なりに
なっていました。P 先生は怖い顔をして冗談を言うのが大好き。創造
力を駆使して表現するよう生徒を励まし，生徒もそれに応えて，なん
とかして P 先生を笑わせてやろうと，ついには英語で冗談が言える
までになりました。E 先生はパソコンが得意で，自国の美しい写真や
動画を使って，素敵なプレゼンテーションをしてくれたものです。そ
のように ALT も 1 人ひとり，全く違います。

B君：なるほど。だんだん連携のコツがつかめてきたように思います。ALTの個性を活かす。協働して指導にあたる。そのためにも打ち合わせとフィードバックを大切に，ですね！

○新人ALTへの支援方法

Aさん：新しいALTに早く慣れてもらうためにJTEができることはありますか？

阿野：指導経験のないALTには，まずは授業の様子を見てもらいましょう。そしてその後に，TTの授業ではALTにどんなことをしてもらいたいかを具体的に伝えて，イメージを持ってもらうことが大切だと思います。もし，以前のALTとの授業のビデオなどがあれば，それを見てもらって意見交換するのもいいですね。

萩原：ALTもオリエンテーションなどで最低限の知識は持っていると思いますが，日頃の授業での生徒の様子や特徴を細かく知らせておくなど，自分で必要だと思う情報をできるだけ伝えるようにしてください。

増渕：私は新しいALTには，着任後できるだけ早く生徒全員と1対1の面接「フレンドリー・チャット」をしてもらいます。生徒にはテストではないことを伝え，既習事項を使って自己紹介するよう指示します。よい復習になりますし，ALTが変わったことに違和感を持つ生徒がいても，この面接でALTとの距離がぐんと縮まります。ALTも面接を終える頃には，自分が今後教える生徒たちがどんなことに興味を持ち，英語のレベルはどの程度なのかということを実感していること間違いなしです。その後のTTがスムーズになりますよ。

Aさん：ALTの話す英語が生徒にとって難しすぎる時はどうしたらいいでしょうか？　先日，バレンタインデーについて話してもらったのですが，最後に私がすべて日本語に訳す感じになってしまいました。教科書に出てくる範囲の語彙でとお願いしたのですが…。

阿野：新しいALTが語彙のコントロールができないことはよくありますね。でも，私たちが日本語にしてしまったら，生徒たちは日本語に耳を傾けることになってしまい，英語で理解させたいという本来の目

的が達成できません。話の途中に JTE がやさしい英語で入って，"Could you give us some examples?" などとインタラクションを通して生徒の理解を促すのがいいと思います。

萩原：そうですね。ここが TT の醍醐味かもしれません。JTE が ALT とインタラクションの見本を見せて，生徒に理解できる英語でパラフレーズしてもらうことが必要です。もちろん，JTE が自分の英語で言い換えてもかまいません。

太田：また，ALT が話す時に，生徒の立場になって聞き，語彙が難しいと思ったら，その語句を繰り返し，言い換えてもらいたいという意図を示すといいのではないでしょうか。私はよく "Sorry?" と言って，割って入りました。

萩原：もう 1 つ私が感じていることを言わせてください。個人差はありますが，ALT は生徒にアクティビティなどで使う表現や文法が十分に定着していないのに，コミュニケーション活動に進んでしまうことがよくあります。そういう時に，JTE が割って入って，生徒にその表現を繰り返させるなど練習させることも必要です。授業内でこれが難しければ，その直前の JTE 単独の授業で，十分に練習して表現を定着させておきたいところです。

増渕：先日参加した学会で，高校で教えている ALT の 6 割が経験 3 年未満の若い先生たちだという調査結果が発表されていました。中学校でも同じ状況だと感じます。A さん，B 君，これからも新しい ALT と組む機会は多いと思いますが，「丸投げ」するのではなく，ALT の魅力を引き出す授業，TT の良さを活かした授業を一緒に作っていくことを心がけてくださいね。

A さん：わかりました。ALT も私と同じ新人という立場で，しかも異国でがんばっているのだということにあらためて気づきました。一緒によい授業ができるようがんばっていきます。

B 君：僕もたくさんやりたいことが出てきました。ただし，あせらず「少しずつ」ですよね。

増渕：その通り！

第12章
次年度の授業設計・指導に向けて

○ 1年間の指導を振り返る

萩原：お2人が教壇に立ってから早いものでもう1年になりますね。この1年間を振り返ってみていかがでしたか。

Ａさん：無我夢中で過ごしたあっという間の1年間でした。

Ｂ君：僕も同じです。初任者研修で授業を見てもらい，アドバイスをたくさんいただきましたが，なかなか思うようにできないこともありました。

萩原：私も同じ道を歩んできましたから，お2人の気持ちはよくわかります。だからこそ，この時期に1年間の授業を振り返っておくことはとても大切ですね。

Ａさん：どのような振り返りをして，来年度にどう活かしたらいいでしょうか。

阿野：生徒の英語に対する姿勢や，英語力の伸びを観察することがいちばんだと思います。生徒たちから「英語が好き」という言葉を聞けたり，どの生徒も英語学習に積極的に取り組んだりしていれば，動機づけは成功しているので，基本的に指導方針は大丈夫だと考えていいと思います。もし，英語嫌いが多く出てきてしまった場合には，来年度に向けてしっかりと授業プランを練り直す必要があります。あとは，定期テストの結果やパフォーマンス評価を分析して，定着していない部分を把握し，そこの活動を増やすことが大切です。

太田：私はこの時期になると，それまでの指導案ノートをパラパラと見直し，これはよかった，これはこうした方がよかったなあ，と独り言を言いながら，メモをします。それがそのまま来年度に活かすポイントになると思います。

増渕：私がこの時期にいちばん見るのは，生徒アンケートです。例えば，1年間に授業で行った活動が「英語の力をつけるのに役立ったか」を

評価してもらいます。最近，中3の卒業期に取ったアンケートでは，トップ5が「ALTとの面接（90％）」「入試問題演習（87％）」「スピーチ原稿や表現活動で自分のことについて書く（80％）」「先生の話す英語を聞く（75％）」「教科書のリテリング（73％）」でした。中3から受け持った生徒たちが多くの表現活動をどう感じていたのか心配でしたが，やはり問題演習と並んで英語を使って意味のある活動をすることが高く評価され，安心しました。一方，オーバーラッピングなどの音読活動は50％と信じられないくらい低く，やり方や効果の説明が不足していたのではと，とっても反省しました。

Aさん：生徒へのアンケートですか。アンケートを取る際に何か気をつけることはありますか。

萩原：生徒にアンケートを取るというのは実はとても勇気が必要なことなのです。どんなアンケート項目にするのか，アンケートを記名式にするか無記名にするのかなどを先生方のねらいや生徒の状況によって慎重に考えて作成してくださいね。

○ CAN-DO リストをどう作るか

Aさん：実は困っていることがあるのです。来年度中学校1年生を担任することになり，3年間を見通したCAN-DOリストを作りなさいと言われているのですが，何から始めたらいいのか…。

太田：まずは生徒たちが今年度「英語を使って何ができるようになったか」を振り返り，文にするといいと思います。次に来年度の授業を考

振り返り方法あれこれ

例1　生徒の英語力の伸びを観察
　　→動機づけ状態により，授業プランを練り直し

例2　定期テスト結果・パフォーマンス評価の分析
　　→定着していない部分を把握

例3　指導案ノートの見直し
　　→気づいたことをメモして来年度に生かす

例4　生徒アンケート

March 16

I'm proud of you!

すてきなスピーチをありがとう！「あぁこんなこともあった，あんなこともあったなぁ」と，君たちと一緒に歩んできた日々が自然と思い出されました。そして，いつの間にか英語でこんなに深く心を伝えることができるようになったのだなぁと感動しました。英語は言葉だから，英語力だけつけても良いスピーチはできません。いろいろなことのあったこの3年間が君たちの心も成長させてくれたのですね。大人になった君たちがまぶしいです。

そして，いつかどこかで外国の人と話すことになったとき，みんなちゃんと中学校の思い出を話せる！って思って，とっても嬉しかったのでした。

さて，今日はアンケートのお願いです。後輩のために君たちの率直な意見や感想を教えてください。よろしくお願いします。

卒業アンケート

数字を書いてください。

@ **3年の授業について**　　　　　　　①とても　②まぁまぁ　③あまり　④ぜんぜん
↓

No.	質問項目	あなたの答え
1	授業は，わかりやすかったですか？	
2	授業は，楽しかったですか？	
3	授業中，「あ，そうか！」という気づきや発見がありましたか？	
4	授業中，「やった！」「できた！」という達成感がありましたか？	
5	授業で，考える楽しさがありましたか？	
6	授業を通して，勉強の仕方がわかってきましたか？	
7	友達との学び合いを通して，自分や相手を大切にできましたか？	
8	ズバリ，英語は好きですか？	

@ 6について，良かったこと・アドバイスなどがあれば書いてください。

中学卒業時に実施したアンケート

@ 英語の力をつけるのに役立ちましたか？

①とても　②まぁまぁ　③あまり　④ぜんぜん

No.	質問項目	①〜④	理　由
9	音読テスト		
10	ＡＬＴとの面接		
11	スピーチ		
12	英字新聞作り		
13	My Town Project（ＤＶＤを作る）		
14	ディベート		
15	リテリング（教科書の内容をペアで発表する）		
16	自学帳		
17	１・２年教科書のディクテーション		
18	文型ワーク		
19	教科書ワーク		
20	語彙力診断テスト		
21	朝リスニング		

@ 先生へメッセージ

３年（　）組（　）番　氏名（　　　　　　　　）

中学卒業時に実施したアンケート

え，その授業を行うと1年の終わりに「英語を使って何ができるようになるか」をスキル別に文にしてみることが第一歩になると思います。

阿野：多くの先生方がCAN-DOリストの作成で大変苦労なさっています。学校ごとにCAN-DOリストの提出を求められているということで，漠然と文章化するだけで終わらせてしまい，提出しただけで実際の指導に活かすことができていない例をたくさん見ています。CAN-DOリストは，教師と生徒が目標を共有できるのが最大のメリットですが，そのためには，実際に授業で使う教科書との関係性が欠かせません。「楽しかった思い出について表現することができる」というCAN-DOがあれば，教科書の過去形を扱うレッスンでの指導がキーになりますよね。もし，CAN-DOとして文章化していても，教科書に該当のレッスンがなければ，別の教材を用意して指導するなどの手当てが必要になります。つまり，まずは教科書をしっかりと読み込むこと，これがCAN-DOリストを活かす大きなポイントです。

Aさん：まずは来年度使う教科書を熟読することですね。さっそくやってみたいと思います。

○予想される問題点をどう乗り越えるか

B君：僕も来年度高校1年生を担任することになっているのですが，一緒に学年を担当する先生がベテラン揃いで，自分の考えていることができそうにないのですが。

太田：うーん，これは難しいですよね。私もかつて「太田さんの授業は生徒たちが話してばかりいて遊びだから」と言われてショックを受けたことがあるので…。特効薬はないのですが，私がしていたことは自分が作ったプリント類をその先生の机上に置くことです。たまに使ってくれて，「いいじゃない」とほめられたことがありました。

増渕：そうですね。ベテランにも経験に基づいた考え方がありますから，若手の意見がすんなり通ることは稀かもしれませんね。ただ，若い先生方の視点は，生徒に近い分，現場にとって欠かすことのできないものですよ。引け目を感じることなく，率直に意見を交わすとよいと思います。実際，私も若い先生とはよく議論になります。それでも，生

徒のことを思ってのことなら，むしろ大切なことですよね。人間関係をこわさない範囲で（大切！），少しずつ挑戦する価値はあると思います。

阿野：もちろん学年としての指導方針などはありますが，日々の授業でクラスをまかされているのは新任であってもみなさん自身ですよね？大学の英語科教育法で最新の教授法などを学んでいるメリットを活かして，生徒のためにできることをしていきましょう。

B君：少し自信がわいてきました。もう1つの悩みを聞いてください。来年度使用する教科書のことです。教科書が難しくて，生徒のレベルに合っていないと思うのですが。

阿野：これは教科書選定のミスということになりますね。「コミュニケーション英語」の教科書は大きく3つのレベルのものが用意されているので，生徒たちの現状に合ったものを使うことで，生徒の力を伸ばすことができます。でもすでに決まってしまっていたら仕方ないので，使える教材をしっかり見極めて，難しいところは扱わなかったり，飛ばしたりする勇気も必要だと思います。その分，他の副教材など生徒のレベルにあったものを投げ込み教材として使うといいですよ。難しい教科書を教師が説明ばかりしていると，生徒の英語力を伸ばすことができないばかりか，英語嫌いになる可能性も大きいので気をつけなければなりません。

萩原：私は30年以上高校で教えていますが，教科書の教材をすべて扱ったことが一度もありません。先ほど阿野先生がCAN-DOリストの関連で言われた「使用する教科書の読み込み」がすべての始まりと言えそうですね。

○小中高の連携をとるには

Aさん：小学校でも英語に触れて入学してくる中学1年生を担当するわけですが，小中の連携はどうとったらいいのでしょうか。

増渕：まずは，小学校での指導を理解することです。学習指導要領を読み，近隣の小学校の授業もぜひ見せてもらいましょう。次に，生徒が入学してきたら，英語学習経験に関するアンケートを取って傾向と特

英語学習アンケート
　このアンケートは、みなさんの英語への思いを知ることで、中学校の英語の授業をよりよいものにしていくために行うものです（成績には関係ありません）。先生の説明を聞きながら記入していきましょう。

話す

① やさしい歌やチャンツのCDを聞いて，歌うことができる。 　1. とても　　2. まあまあ　　　3. あまり　　4. まだぜんぜん歌えない	①
② 今までに①を行ったことが 　a. たくさんある。　　b. 少しある。　　c.ほとんどない。	②
③ 中学校の授業で， 　a.すごくやってみたい。　　b.できればやってみたい。　　c.あまりやってみたいと思わない。	③

聞く

① 簡単な会話（あいさつ、お店でのやりとり等）を聞いて理解することができる。 　1. とても　　2. まあまあ　　　3. あまり　　4. まだぜんぜんわからない	①
② 今までに①を行ったことが 　a. たくさんある。　　b. 少しある。　　c.ほとんどない。	②
③ これができるなら 　a.すごくやってみたい。　　b.できればやってみたい。　　c.あまりやってみたいと思わない。	③
④ 授業中に先生が話す英語の指示や説明を聞いて理解することができる。 　1. とても　　2. まあまあ　　　3. あまり　　4. まだぜんぜんわからない	④
⑤ 今までに④を行ったことが 　a. たくさんある。　　b. 少しある。　　c.ほとんどない。	⑤
⑥ これができるなら 　a.すごくやってみたい。　　b.できればやってみたい。　　c.あまりやってみたいと思わない。	⑥

読む、書く

① アルファベットを読んだり書いたりすることは，楽しい。 　1. とても　　2. まあまあ　　3. あまり　　4. ぜんぜん楽しくない　　5. わからない	①
② アルファベットを読んだり書いたりすることは，大切だ。 　1. とても　　2. まあまあ　　3. あまり　　4. ぜんぜん大切じゃない　　5. わからない	②
③ アルファベットを読んだり書いたりすることは，簡単だ。 　1. とても　　2. まあまあ　　3. あまり　　4. ぜんぜん簡単じゃない　　5. わからない	③
④ 今までにアルファベットを読んだり書いたりすることを行ったことが 　a. たくさんある。　　b. 少しある。　　c.ほとんどない。	④
⑤ これができるなら 　a.すごくやってみたい。　　b.できればやってみたい。　　c.あまりやってみたいと思わない。	⑤

英語学習経験に関するアンケート

英語学習

(ア) **小学校での英語学習**

　　　小学校の英語学習・・・（　　　　　　　）小学校で（　　　）年生から

(イ) **ズバリ英語は好きですか。**※あてはまるものに○をつけてください。
　　1.　ずっと　好き
　　2.　ずっと　きらい
　　3.　好きでもきらいでもない
　　4.　はじめは好きだったが、途中からきらいになった
　　5.　はじめはきらいだったが、途中から好きになった

理由（　　　　　　　　　　　　　　　　　　　　　　　　　　　　　　　　　　　）

(ウ) **その他の英語学習歴**　※やったことのある学習方法に○をつけてください。
　　1.　NHKラジオ「基礎英語」
　　2.　塾で
　　3.　英会話スクールで
　　4.　家で英語教材を使って
　　5.　海外に住んでいたことがある　場所：（　　　　　　　　　　　　　　　　　）
　　6.　その他（　　　　　　　　　　　　　　　　　　　　　　　　　　　　　　）

(エ) **あなた自身のことについて教えてください。**
　　(ア) 趣味は？（　　　　　　　　　　　　　）
　　(イ) ペットは？（　　　　　　　　　　　）
　　(ウ) 好きなスポーツは？（　　　　　　　　　　）
　　(エ) 好きなテレビ番組は？（　　　　　　　　　　）
　　(オ) 好きな有名人は？（　　　　　　　　　）
　　(カ) 好きな食べ物は？（　　　　　　　　　）
　　(キ) 嫌いな食べ物は？（　　　　　　　　　）
　　(ク) 自分の性格（　　　　　　　　　）
　　(ケ) 得意なこと（　　　　　　　　　　　　　　　　　　　　）
　　(コ) 苦手なこと（　　　　　　　　　　　　　　　　　　　　）

(オ) 中学校で英語の学習を始めるにあたって，決意・お願い・メッセージをどうぞ！

　　　　　　　　　　　　　　　　　　アンケートにご協力ありがとうございました。

　　　　　　　　　1年（　　　）組（　　　）番　氏名（　　　　　　　　　　　　）

英語学習経験に関するアンケート

徴をつかみましょう。例えば，英語が「きらい」と答える生徒は何人くらいいるのか知りたくないですか？　さらに，その生徒たちが何を不安に感じ，どんなことなら楽しいと思ったのかを知れば，支援方法もわかりますね。意外に「全部を理解しなければならない」と不安を感じている生徒が多かったりするのです。

Aさん：そうなんですか。それなら，語学の習得について説明してあげるといいですよね。

増渕：その通りです。正しく支援すれば，新入生はきっとがんばってついてきてくれると思います。実際の授業についてですが，小学校で少し触れてきた「文字指導」，「家庭学習の仕方」，「中学校での評価の仕方」についてていねいに指導していきます。一方，音声面では教科書を比較的速く進めてもとまどうことはないでしょう。音声面と書くこと・読むことのアンバランスを埋めながら，生徒を飽きさせない授業構成を考えることは，チャレンジングで本当に楽しい作業です。

太田：私は「知る」「つなぐ」をおすすめします。まず「知る」は増渕先生と同じです。何をどう習ってきたかの what と how の2つの視点から「知る」ことをおすすめします。特に how，つまりどうやって習ってきたかを知ることがとても大切です。そして知った後は，小学校でそのような英語の授業を受けてきた生徒が，「つながっている」と思えるような授業を中学校でもするようにしたいですね。具体的に言うと，小学校では英語で授業が行われる割合が高いので，中学校でも先生が英語で生徒たちに語りかけ，インタラクションを取るようにする。もう1つは言葉を使う場面を大切にする小学校を引き継いで，言語材料を導入する場面，活動する場面を考えるなどです。

B君：中高の連携という点では，どうでしょうか。

太田：中高連携では，中学校は量に負けない生徒を作り高校へ送ることだと思います。中高の教科書の英文の量の違いは生徒たちにとっては驚異ですよね。私は i − 1（生徒のレベルから1段階低いレベル）の教科書を使い，多読をすることをすすめています。中3なら中1や中2の教科書をセクションごとではなく，レッスン（ユニット）ごとにさっと読み概要を読み取る活動です。高校では中学校で習ったことをもう

一度繰り返すことだと思います。というのも中学校で習ったからといってすぐに使えるようにはならないからです。

阿野：高校の教員としては，中学校での学習事項をきちんと把握しておくことが絶対に必要です。うっかり「これは中学でやっているから」などと考えてしまい，未習事項を既習事項として扱っている例も多く見られます。

萩原：高校の先生方にはぜひ中学校の教科書に目を通しておいてもらいたいです。例えば，私の高校の1年生は現在276名いますが，そのうち270名が中学校時代に *Columbus 21*（光村図書）を使っています。*Columbus 21* を読んで，生徒の学習履歴をつかんでおかない手はないですね。

○新年度までにやっておく準備

B君：小中高の連携の関連で，私たちがやっておくべきことはたくさんあるのですね。ビックリしました。これ以外に，来年度に向けて準備をしておいた方がいいことはありますか。

太田：先ほども言いましたが，今年度を振り返ることだと思います。「これはよかった，だから次もやろう」「これはだめだった，次やるのならこうしよう」と思いながら教科書や指導案を見返すことだと思います。これは新学期が始まったらなかなかできませんよね。

阿野：なんといっても教科書をしっかりと読み込んでおくこと。どの時期にどの言語材料を扱い，本文でどのような話題を取り上げるかをつかんでおくことで，長期的な視点に立った指導ができます。もちろん活用できる CAN-DO リストの作成にもつながります。

萩原：授業で毎回のように使う「定型化したプリント教材」は，長期休業中に少しずつ作っておくと余裕が生まれますよ。しばらく寝かしておいて，使う前に見直して手を入れます。

Aさん：新年度に向けての準備って本当にたくさんあるのですね。でも希望もわいてきました。新1年生の顔を想像しながらしっかり準備していこうと思います。

第 *13* 章
教科書とワークブックを活用するには

○教員2年目に向けて

阿野：Aさん，B君，早いもので教員生活も2年目に突入ですね。

Aさん：いろいろと悩みながら新任1年目を過ごしてきましたが，先輩の先生方のおかげで，なんとか乗り切れました。

B君：僕もだいぶ慣れてペースもつかめてきたのですが，2年目に向けて新たな課題もたくさん出てきました。

阿野：次々と課題が見えてくるのはそれだけ進歩している証拠です。どんな先生でも，その課題を解決する過程で成長していっているのですよ。

Aさん：私はよくベテランの先生の進度から遅れていたのですが，なんとか追いつけるようになって安心しているところです。

増渕：どんなところを変えてみたのですか？

Aさん：教科書の扱い方です。昨年（第2章）にアドバイスをいただいたように，「生徒にできるようになってもらいたいこと」を考え，必要だと思うところに時間をかけるようにしました。場合によっては扱わないと決めて飛ばす部分もあり，授業の目標がはっきり見えてくるようになりました。

○教科書の扱いと定期テスト

B君：僕も同じようにやってみたのですが，実は大きな問題が生じてしまったのです。

阿野：えっ，大きな問題？　教えてもらえますか？

B君：定期テストです。試験は同じ学年を担当する教員が持ち回りで作るのですが，先生によっては教科書の全範囲からまんべんなく出題していて，ほとんどが教科書のままの問題なのです。だから生徒たちには，「授業で教科書をすべて扱ってください」と言われ，結局教科書

をこなすだけの授業になってしまったので悩んでいます。

阿野：生徒は，どんな問題で困っていたのですか？

B君：授業で僕が軽く扱った範囲の細かい語句や文法を問う問題，そして本文の日本語訳を覚えていればできる和訳問題などです。また，教科書の英文と練習問題の答えを覚えているかどうかで点数が決まる出題も困ったそうです。試験のことを考えると，やはり教科書をこなすことが何よりも大切なのかと思えてきて。

太田：教科書をこなすとは何をすることですか？　先生がただ説明して生徒が聞いている，そして覚えるだけが教科書をこなすことでしょうか。

B君：うーん。でも，教科書すべてをカバーしようとすると，どうしても教師の説明が多くなってしまうんです。

太田：それでは目の前のテストはなんとかなるかもしれませんが，単語や文法の知識，そしてコミュニケーション能力はつかないでしょう。教科書本文を聞き，読み，理解する活動，理解した本文を音読し，アウトプットする活動をすれば，英語が残りやすくなり，テストでも必ず解答できます。

萩原：私は今の職場に移るまで，定期テストは各担当者が作っていて，自分のクラスの問題を作ることができたので，授業とテストが深く関連していました。例えば，授業でやったリテリングについては，イラスト・写真とキーワードを見ながら説明する文章を書かせることがありました。今の勤務校は共通テストで，高校1年生の2科目をそれぞれ5人で担当し，定期テストも持ち回りで作ります。リテリングをしている先生は多くないので，定期テストでは出題できません。また，共通テストでは，総合問題などの出題になりがちです。でも，試験の内容をよく見ると，大部分が穴埋めや整序問題など英語で答えるものか選択問題なのです。授業では教科書全体を扱うとしても，授業中に全文訳はやらず，その時間を音読や定着活動に使うことは可能です。授業中の活動時間を多くすれば，総合問題中心のテストでも点数が取れるようになります。私が担当するクラスは，最初は他クラスに遅れをとりましたが，2学期からは平均点をいつも上回るようになりまし

た。

B君：わかりました。音読や定着活動ですね。僕は生徒に言われたことで気持ちがあせっていました。

阿野：説明をすることで，教師は教えたと思いがちですが，「教師が説明すること」と「生徒ができるようになること」は違いますよね。

○新出文法の定着のために

Aさん：新しい文法事項を扱う時には，以前教えていただいたように説明を最小限にして，活動を通して身につけてもらうように意識しています。生徒たちも楽しそうに活動していて，ターゲットになる文法事項を次第に使えるようになっているのがわかります。ところが試験をしてみると，正確に使えていない場合が多いのです。やはり，活動とともに，ていねいに説明をした方がいいのかと考え始めているところです。

太田：流暢に言えることと，正確に言えることは違います。「言えているから書ける」とも限りません。そこで二度目・三度目の出会いが必要になります。文法を使う活動を何度か行うことが大切です。

Aさん：二度目・三度目の出会いって何ですか？

太田：普段は，ターゲットになっている新出文法事項のみを練習または活動していますが，これでは使えるようにはなりません。というのは，生徒たちは，新出文法事項を使えばいいと思うからです。これが一度目の出会いです。大切なことは選ぶことです。つまり，今まで習った文法事項から場面や目的に合わせて選んで使う活動をすることです。これが二度目・三度目の出会いです。これまでに習った文法事項から目的に合わせて選んで使う活動をすることが，使えるようになるためには必要です。

Aさん：具体的にはどのような活動があるのですか？

太田：例えば今までに習った教科書本文に載っている絵・写真を使って，リテリングするのはどうでしょうか。以前に習った時には使えなかった文法事項が使えます。従って選んで使うことになりますね。また，活動の最中や活動後に，正確さに生徒の意識を向けさせる活動をする

13　教科書とワークブックを活用するには　89

といいでしょう。活動の最中では，自分の間違いに気づかせるフィードバックをする，活動後では，活動中に生徒がよく間違えるミスを取り上げ，正しく訂正させるなどができるでしょう。説明は正確さに意識を向けさせる際に効果がありますが，ただそれだけでは定着は期待できません。

増渕：私も以前同じ悩みがありましたが，太田先生が言った「正確さに生徒の意識を向けさせる」，つまりフォーカス・オン・フォームが大切だと教わって，授業が変わりました。

Aさん：わかりました。やってみます。

萩原：先日，「英語表現Ⅰ」の授業でtoo 〜 to ... の形を扱い，阿野先生の著書の中から，"This curry is too hot to eat." という英文を使いながら，口頭練習をしました。滑らかに言えるようになり，教科書の練習問題（穴埋めなど）も難なくできているので大丈夫かと思い，念のため和文英訳をさせてみると "*This curry is too hot can't eat." のような英文が続出です。ここはきちんとフィードバックをしました。

Aさん：そんなこともあるんですね。これからは書かせる活動をもっと取り入れるようにしたいと思います。

阿野：でもあせらないことですよ。言えるようになってから書かせる。これを忘れてはいけませんね。書けないからといって，十分に口頭練習をしないまま書かせている例を目にすることがありますが，この点は気をつけましょうね。

○題材理解と新出文法

B君：教科書の題材を大切に扱おうと思っていると，その課にある新出文法事項は，読解を終えた後で簡単に扱うようになることが多いのですが，それでかまわないのでしょうか？

増渕：新出文法の知識がなくても本文の内容を読み込むことができるかどうかで指導手順を判断してはどうでしょうか。

萩原：題材を扱う際に，文法事項をうまく絡めながら導入できれば理想的ですが，難しいこともあります。その時は文法を読解後に扱ってもいいでしょう。今，「コミュニケーション英語Ⅰ」で風呂敷について

学んでいますが,「英語表現Ⅰ」では「疑問詞＋不定詞」が文法事項の１つとして取り上げられています。そこで, リテリングで風呂敷の使い方について説明する際, "I'm going to tell you how to use *furoshiki*." という文から始めるように指示しました。こうして科目間の学習内容を関連づけるようにすると効果的です。２科目を別の教師が担当する場合は, 進度を確認しておきましょう。

阿野：題材を理解するために, そして考えを表現するために文法を使うという考えですね。

○教科書準拠のワークブックの選び方

Ａさん：教科書準拠のワークブックを全員の生徒に持たせるのですが, 新しく担当する学年のワークを, 春休み中に決めておくよう言われています。採用見本が山のように来ていますが, どれも一長一短ある気がして何を基準に選んだらいいか…。

阿野：生徒に使わせる目的によりますよね。

増渕：私は, 家庭学習で生徒が困らないようにと考えて選びます。問題自体のレベルだけでなく,「文法の説明」や解答にある「解説」も大切です。生徒が自力で理解できるレベルでないと, 説明や解説を見てもわからない, となりますから。

萩原：高校で教科書準拠のワークブックを選ぶ際も同じで, 生徒が自力で取り組めそうなものを使うといいと思います。よく目にするのは, 単語とイディオムの整理, 文法の練習, 教科書本文の内容確認が中心です。このタイプのものは生徒が自力で取り組むには難しすぎることが多いのです。

　一方, ノート代わりになる書き込み式のワークもあります。教科書本文にスラッシュが入ったものが載っていて, 単語の整理や教科書本文の精読ができるようになっています。ただし, このタイプは, どうしても和訳など日本語中心になってしまい, 授業では扱いにくいと感じています。

Ｂ君：目の前にいる生徒たちに合うものは多くないということでしょうか。

萩原：残念ながら，そう言わざるをえません。それぞれの先生方が自分の生徒に合うようなハンドアウトを作成するというのが理想でしょうが，それは大変な手間がかかり毎回というわけにはいきません。

B君：それでは，出来合いのものを補完して活用するポイントはあるのでしょうか。

萩原：全部は使わずに，担当する先生が自分の授業との関連で問題を選択するといいと思います。生徒が問題を解くことで，授業の理解度が上がったり，あるいは授業の内容を確認したり深めたりすることができるという視点ですね。先生にとって省力化につながることも大切です。たとえば，新出文法事項について授業で説明し，口頭練習したあと，ワークブックの問題を解くことによって生徒に確認させたり，教科書本文について扱ったあと，その本文についての内容確認問題を解くことによって，もう一度教科書本文に目を通すことができますよね。

○ワークブックの活用法

Aさん：ワークの問題を定期テストにも出題しているのですが，そのままの英文で出題してもできない生徒がいるし，少し英文を変えてしまうと手も足も出ない生徒がほとんどです。この状況では，ワークが本当に役立っているのか疑問です。

太田：生徒たちが考えないで，ただ問題を解くだけになってしまったからですね。そこで，一度問題を解いたページに戻らせる工夫が必要だと思います。例えば，宿題で行ったワークのページを見直し，自己表現に役立つ語句・文を選ばせる。それをペアで音読して伝える，選んだ文をどのような語句に変えることができるかをクラスで確認する。ひと手間加えるだけで，ワークをこなすだけの状態から，一歩前進できるのではないしょうか。

阿野：ワークの「リサイクル運動」ですね！

増渕：私もワークを使った学習の方法を考えさせる時間は取るようにしています。例えば，基本問題をそのまま10問程度，順不同で並べた「ワークテスト」を行っています。コツは，ワークにあるヒントを一切載せないことです。

Ａさん：ヒントがないと，できない生徒が多いと思いますが。

増渕：私の生徒もそうです。全く同じ問題なのにできない。でも，ワークを開いて確認させると，たいてい○がついているのです。なぜだろうと考えさせると，ヒントを見たからだと気づきます。「ヒントを見ればできるんだね。じゃあ，自分に必要なヒントをまとめておいて，時々見て覚えたら」と助言する。そういう経験を重ねると，ワークでの学習を工夫する生徒が増えてきます。

阿野：ワークから学習の幅を広げられますね。

○ワークブック以外の副教材は？

Ｂ君：うちの学校では，教科書準拠のワークブックに加えて，もう１冊別の文法問題集を持たせています。この２つの使い方がわからないまま１年が過ぎました。ワークは教科書の範囲に合わせて試験に出題し，問題集は最初の章から順に範囲を決めて試験に出すという学年の方針に従っています。どちらも授業では扱わずに，家庭学習にしています。試験前に確認する程度の生徒が多くて，毎日の授業には役立っていない感じなのです。

阿野：授業でフォローしないと１人では取り組めない生徒も多いので，その手当ては必要ですね。

萩原：文法問題集は，教科書の進度に合わせて試験範囲を決めましょう。教科書の各課で扱っている文法事項を書き出し，問題集でその文法が載っているページを一覧表にしておくといいですよ。もう１つ，授業で文法の練習が終わったあとに，問題集を開かせて１題でもいいから取り組ませてみるといいでしょう。授業をしっかり受けていれば，入試問題も解けるという自信を与えることができるはずです。

Ｂ君：はい，だいぶ解決の糸口が見えてきました。さっそく新学期の授業準備を進めます！

13　教科書とワークブックを活用するには

第14章
ノートとワークシートの効果的な使い方

○勇気を出して一歩前進，でも…

B君：ノート指導のことで悩んでいます。相談にのってもらえますか？

増渕：もちろんですよ。どんなことですか？

B君：昨年度，ノートは学年の方針に従って，予習として教科書の英文を写して訳を書いてくるように指導していたんです。でも，僕はまず授業で音声から教材を導入して，生徒はその意味内容を理解した上で，家でしっかり復習してくるというサイクルを作りたいと，ずっと思っていました。

阿野：そうそう，以前（第9章）にその話をしましたよね。B君の考え方はいいと思います。

B君：はい。その節はありがとうございました。そこで，勇気を出して教科部会でお願いして，新年度から授業者がノートの使い方を決めてよいことにしてもらったんです。

Aさん：よかったですね！

B君：ただ，いざ自由に決めてよいとなったら，困ってしまって…。そもそもノートって，どう使えばいいんでしょうか。今は，本文と訳を書かせています。復習としてさせているので，前よりはいいと思うんです。でも，それで力がつくのか…。生徒はただ写しているだけのようにも見えます。

太田：そう感じる場合は手を打つ必要がありますね。

○ノート活用法

太田：少しでも本文の英語が残るようにする写し方にしたいですね。例えば，"delayed copying"はどうでしょうか。写す1文を音読します。そしてすぐ写すのではなく，2〜3秒，間を置いてから写します。こうすることで，生徒は音読した文を頭の中に残そうとします。また，

ただ写すだけでなく，一部を自分のことに変えて写すと意味を考えてから写すことになりますね。

阿野：そうですね。せっかくノートに書くなら，日本語よりも英語を書かせたいですよね。授業中ならば，ディクテーションで書き取らせる他に，英文の意味を教師が日本語で言って，それを英語にして書かせることもできます。書いたものを生徒自身が教科書の英文を見ながら添削することで，正確さを高めていくことができますよね。復習として行わせるならば，ポイントになる英文の日本語訳を配布して，それを見ながら英文を書く練習をさせることもできます。

B君：目からウロコです！　今まで「何を書かせるか」ということばかりを悩んでいました。でも，「どう書かせるか」の方がもっと大切なのですね。

萩原：その通りです。今でもよく見かけるのがノート完成型の授業です。これは，先生が黒板に1行おきに教科書本文を写し，その下に色チョークを使って，重要な表現の意味や指示語，構文などについて説明しながら書き込んでいくものです。生徒たちはノートに黒板と同じ内容を再現します。このような授業を受けている生徒に感想を聞くと，かなり満足度が高いのです。きれいなノートが完成し，「充実感がある」という声もよく聞きます。でも，この裏側で，50分の授業がどう展開されているか，よーく想像してみてください。

B君：うーん。考えさせられます。「英語が残る」勉強方法を教えていかないといけないですね。

増渕：ノートは，授業の内容をまとめる他にも，自分で勉強を進める「自学帳」や自己表現作品を書きためていく「ライティングノート」など，いろいろな活用法があります。どの方法を取るにしても，生徒はすぐにはできるようにならないですよね。だからこそ，B君が「ノートにただ写しているだけでは？」と自分の生徒たちの学習方法を見取り，解決策を考えようとしていることはとてもいいと思います。次のステップを考えて，ねらいに応じた方法を選ぶといいですね。

B君：わかりました。やってみます。

Aさん：ノートはいつ書かせればいいでしょうか。私が黒板に文法説明

> **ノートの写し方の工夫**
> 例1 写す文を音読して時間をおいてから写す
> 　　（一部を自分のことに変えるのもよい）
> 例2 日本語を聞いて英語を書く
> 　　（教科書を見ながら添削することで力がつく）

のために基本文などを書くと，すぐにノートに写し始める生徒がいます。そういう生徒はやる気があっていいと思うんですが，説明に集中してほしい気もします。かといって，ノートに写す時間を別に取るのはもったいないのかなとも思い，悩んでいます。

太田：先生が説明している時に写すということは，説明を聞かないことになりますよね。説明した後に写させる，また写させる内容を絞ることも大切だと思います。

阿野：生徒は一生懸命ノートを取ろうとしがちですが，英語という科目の特質上，ノートに書くよりも，何度も英文を声に出して頭に英文を残す時間を多く取りたいですね。1つの英文を書いている間に，声に出して読んだら何回読めるでしょうか？　授業中は基本的にノートを閉じたままにさせておいて，必要な時にだけ開かせましょう。もし授業のまとめとしての記録が必要ならば，プリントにして配布することもできます。

萩原：私も板書のうち，ノートに写すことを明示してそれだけを写させるように心がけていますよ。

○ワークシート活用法

Aさん：ワークシート中心の授業展開はどうでしょうか。同期の先生の研究授業を見に行ったのですが，ワークシートに沿ってスムーズに進められていました。同じ新人なのにすごいなと思いました。

太田：ワークシートを作るのと作らないのとで，何が違うのかを考えるといいですね。ワークシートを作ることで活動がスムーズにいく，そしてその結果，生徒たちのインタラクションの量が増える，などが予想できればいいですね。

阿野：私は初任の頃，高校の授業でワークシートを使って大変な失敗を

しました。

B君：阿野先生でもそんなことがあるのですね。

阿野：いっぱいありますよ。若かったですからね。

Aさん：どんなワークシートだったのですか？

阿野：授業がうまく成立しなかったために取った手段ですが，授業中に
　　　生徒が空欄を埋めていき，授業の最後にはすべてが埋まっているとい
　　　うワークシートでした。確かに授業はスムーズに進行しているように
　　　見えたかもしれません。でも，生徒は空欄を埋めることに集中してい
　　　て，英語を習得することにはなっていませんでした。「授業中に生徒
　　　が英語を使う」という視点で作るワークシートならばいいと思います。

B君：英語を使う視点で，というと具体的にはどんなことですか？

阿野：ワークシートは，授業の活動の補助教材として大いに役立ちます
　　　よね。生徒が活動に取り組みやすくなるように必要な表現を載せたり，
　　　インタビューの結果を記入していったりすることで，生徒がうまくタ

ワークシート①
（*NEW CROWN ENGLISH COURSE 2* Lesson 7
USE SPEAK「人気があるものは何？」，増渕作成）

Miyazato Ai 年表	
June 19, 1985	○沖縄県東村に生まれる
4才	○
中学時代	○
	○
高校時代	○
高校3年 (2003年)	○
	○
2004年	○
2006年	○
約4年間 (2006-2009)	○
July 26, 2009	○

Story Retelling / Summary Writing

○ 左の年表の日本語の部分に英語でキーワードを書き込もう。

○ 「時を表す語句」に注意しながら、宮里藍さんの生涯についてペアで説明する練習をしよう。

○ 話した英語を下に書いてまとめてみよう。

Miyazato Ai was born in Higashi-son, Okinawa on June 19, 1985.

1年（　）組（　）番（　　　　　　）

ワークシート②

（*Power On Communication English I*（東京書籍）Lesson 3
"Miyazato Ai — Her Challenge for Her Dream"用のワークシート, 萩原作成）

スクを完成させていく授業を拝見することがあります。

増渕：それからいい意味で授業をコントロールすることができます。ワークシート①は，単元のまとめの活動で使ったものです。生徒は調査したいトピックを班で決め，クラスの仲間にインタビューして，結果を発表します。教科書と同じ手順ですが，「担当班」と「先生の許可を得て」調査に行くという指示を書き足しました。これにより，生徒は全員着席していて，私の指示で1班ずつ調査をして自分の席に戻る，という授業規律が生まれました。生徒たちが班に来たインタビューアーを温かく迎え助け合って質問に答える姿もよく見えて，教師としても支援しやすかったです。

萩原：私は最近，生徒の学力差に対応するために，表と裏に同じタスクを載せ，裏にはヒントを入れたり，問題形式をやさしくしたりなど，英語が苦手な生徒もあきらめずに取り組めるような工夫をしていま

す。一方，表は英語が得意な生徒にもチャレンジできる内容を取り入れます。松コース，竹コースなどと名称を変えています。また，ワークシートは集めて点検するものと，集めないものを分けて作るようにするといいでしょう。前者の場合は，点検に割ける時間を十分に考えて。クリエイティブ・ライティングなど生徒によって書く内容が異なるものは，生徒理解も深まり読んでいて楽しいのですが，1人ひとりチェックをしていくとなるとかなりの時間がかかります。一方，ワークシート②のように，ある程度答えが決まっているものだと，チェックに時間はかからず，日常的に継続していけそうです。この2つのバランスをとることも重要ですよ。

太田：昨年，研修会でお話をうかがったある先生がこう言いました。「ワークシートを作った後，自分（先生）がどのように使うのかを考える先生と，生徒がそのワークシートを使ってどう話すのか，どこでつまずくのか，どんな質問をしてくるのか，想定問答を考える先生，後者の方が授業がうまいことが多いです」——これが作る際に役立つ言葉になると思います。

○ノートとワークシートの使い分け

Ａさん：ノートを取らせる場面と，ワークシートを使った方がいい場面について教えてください。

阿野：ワークシートのいいところは，まとまった情報を一度に全員の生徒に与えられるところですよね？　表現などをいくつも載せておいて，そこから必要なものを取捨選択して使うことができます。全員の生徒で一斉に行う活動などに適しているでしょう。それに対して，ノートは生徒個人のペースで使うことが可能です。どんどん英文を書いていくスペースが必要な生徒もいれば，ゆっくりと積み上げていくタイプの生徒もいます。生徒によって差が出る活動には，ノートの方が使いやすいと思います。ワークシートは教師主導で生徒を導いていくことが多いですが，ノートは生徒が自分で作り上げていくと考えることもできるかと思います。

Ａさん：わかりました。ありがとうございました。

Coffee Break 2
こんな先生になってほしい
──学生・若い先生方に思うこと

[阿野] 生徒との時間を楽しむことができる先生に

　先生という仕事は，ほかの仕事と同様に辛いこともたくさんあるかもしれません。しかし，何といっても生徒とのかけがえのない時間を持てること，そして，ある一定の期間にわたって子どもたちの成長を観察できるという大きなメリットがあります。せっかくの時間ならば，先生自身が毎日を楽しんでもらいたいと思っています。「生徒たちとの時間を楽しむ」「英語を楽しむ」「教科書に出ている題材を楽しむ」。教師には，他の仕事では楽しむことができない機会がたくさんあります。先生が楽しんでいれば，生徒も学校での時間を楽しむことができますよね。

　こうして生徒とともに楽しい時間を共有していれば，生徒が卒業してからも，同窓会などで卒業生と昔を思い出しながら語り合う機会も持てるでしょう。これも教師の特権です。生徒とのこうした関係を築くことができる，そんな先生になってもらえたらと願っています。

[太田] 柔軟性を持って，学び続ける先生に

　柔軟性を持った先生になってほしいなあと思います。身体が固くなった私も「授業はこうすべきだ」と決めつけない柔軟な気持ちを今も持ち続けたいと思っています。

　学校環境はこれからも変わっていきます。私が教え始めたころはiPad はもちろんコンピュータもありませんでした。画面が1行（！）のワープロでワークシートを作っていたのが，1校目でした（若い方には？？？ですね）。環境が変われば授業も変わりますよね。デジタル教科書は当たり前になってきましたし，さらにそれに代わるものが出てくるでしょう。英語の授業の位置づけも変わるでしょう。どんな時代になっても柔軟性を持ち続け，学び続けようとする姿勢があれば，大丈夫です。

［萩原］ 向上心を持った先生に

　カルピスは「初恋」の味とよばれましたが，皆さんにとって英語教育はどんな味がしますか？　私は迷わず「苦い」味と答えます。長年，高校生を教えてきて「ああ，満足できる素晴らしい授業だったなあ」と思えるのは片手で数えるほど。授業に行くのに気が重かったり，終わったらため息をついたり。これは今でも全く同じです。

　でも，ここで絶対にやってはいけないことがあります。生徒のせいにすることです。「どうせやる気がないのだから」「何をやっても同じ」というのは私が過去に教えていたある高校の英語科準備室でよく聞いた言葉です。うまく行かない状況から少しでも前に進めるようにという気持ちを持ち続けて下さい。常に向上心を持って，今日より良い授業をつくるという気持ちを忘れないでくださいね。

［増渕］ あらさがしより，"良さ"さがし

　あなた自身が，自分の良さを知り，それを大切にしてください。〜でなければならぬ，に縛られて，自分にダメ出しばかりしていたら，辛いだけでなく，苦手なことばかりやろうとしてなおさらうまくいかなくなるでしょう。私の例でいえば，私はとにかく人が好き。どんな生徒も可愛いし，文法訳読一辺倒の同僚がいても，どう活かそうかと考えて気にしません。ネバナラヌにとらわれたら，自分は厳しさに欠ける，優柔不断だと情けなくなってしまったかも。でも，かまわないじゃない！　これが私の良さ！　と思って，元気に勤めてきました。

　あなたの持っているどんな良さも，教師としての優れた資質に伸ばしていくことができますよ。辛くなったら，ネバナラヌ魔王につかまっていないかなと自分の良さを見直してみてください。

Coffee Break 2　*101*

第 *15* 章

授業規律・英語嫌いへの対応①

○「英語は嫌い」という生徒には？

萩原：5 月の連休も明けて，定期テストが近づいてきましたね。新たな
　クラスでの授業は順調に進んでいますか。

A さん：それがなかなかうまくいかずに悩んでいます。特に「英語嫌い」
　の生徒への対応に苦労しているのです。4 月の授業でいきなり「英語
　が嫌いだから先生も嫌い」と言われてしまい，大きなショックを受け
　ました。アンケートを取ってみたのですが，「英語が苦手」が 9 割を
　占めています。

B 君：僕も同じです。英語が苦手という生徒が多く，もうあきらめ気味
　の生徒がいて，対応に苦慮しています。

増渕：大丈夫ですよ。根気強くフォローしていけば，生徒は必ず変わり
　ます。英語が嫌いという声は，「自分だって英語ができるようになり
　たいんだ。先生，なんとかして！」という生徒からのメッセージなの
　だと私は思っています。どんな生徒でも取り組むことのできる課題を
　用意して，支援していきましょう。

阿野：英語の先生方の研修会で，「英語の先生はラッキーです！」とお
　話をすることがあります。「英語なんて嫌い」「英語とは縁を切りたい」
　と言っている生徒であっても，心の奥底には「英語が話せたらかっこ
　いいかも」という気持ちはあるものです。この心の奥に眠っている気
　持ちを揺さぶることができれば，必ず生徒は変わってくるものです。
　教科書の題材，英語の歌など，生徒の気持ちを引きつける手段が多い
　のも英語という教科のアドバンテージではないでしょうか？　もし
　たったひと言の英語であっても，ALT の先生に通じた時の感動は計
　り知れないものがあるものですよ。

A さん：英語が苦手でも，英語を好きになってもらえると嬉しいのです
　が。中学生に向けて何か具体的に実践できることはありますか。

増渕：中２以上の生徒たちなら中１で使った教科書のディクテーションを帯活動で行うのはどうでしょうか。最初に中１の教科書本文をさっと音読します。Lesson 1なら，英語の苦手なクラスでも，「このへんはわかる」と生徒は明るい表情になるでしょう。そこでテスト用紙を配り，１文を選んでディクテーションをします。理解できている内容であっても正確に書くことができる生徒はおそらく少数です。結果を見て，やっぱり英語なんか大嫌いだと生徒は騒ぐかもしれませんが，教師は落ち着いて，「復習しなければ忘れてしまうのは当たり前」と，現状を受け入れるよう促します。そして，「中１の内容が身についていないのだから，今習っている英語はさらに難しく感じられますよね。一緒に中１の復習をやってみませんか？　基礎的な語彙や文型が身について効果抜群ですよ」と投げかけると，反対する生徒はほとんどいないと思います。

阿野：中学２年生でも３年生でも，英語が苦手な生徒のために中学１年生の教科書に戻るというのは大賛成です。大学の教職課程の教え子の中には個別指導塾で教えている学生が多いのですが，彼らからよく受ける相談があります。「高校受験が近づいて来て生徒はあせっているけれど，入試問題を解いていても中１の内容がわかっていないから解けないのでどうしたらいいか」という質問です。いつもアドバイスをするのは，中学１年生の教科書の最初から一緒に音読をしてあげたらどうかというものです。そして，読めないところや疑問に思うところをていねいに教えてあげるのです。これを数か月続けていると，なんと入試問題の正答率が上がってくるという報告がほとんどなのです。基礎ができてくれば，生徒の英語に対する姿勢も少しずつ変わってくる可能性が高いですよね。

太田：できることを確認するのはどうでしょうか。例えば，今までに習った語彙のうち，聞いて意味がわかる語彙を確認すると，意外とわかっていることが多いことに気づきます。中学校では語彙はすぐ書けるようになることを先生も求めがちで，生徒も書けないとだめだと思っていないでしょうか。まずは聞いて，または読んで意味がわかるという段階も認める。それにより，生徒ができることを確認する。つまり自

分もできる点があるんだと思ってもらうことが「英語が嫌い」から脱出する一歩になるのではと思います。

萩原：太田先生の言われたことは高校生にも当てはまります。高校生の中には英語の単語はすべて何回も書いて覚えるという生徒が少なくありません。そのような個人的な学習スタイルは尊重したいのですが，英単語について，①正確に発音できる，②意味を日本語で言える，③日本語を言われたらとっさに英語で言える，④単語を書ける，という4段階を意識して私は日頃指導をしています。単語を書く，というのは最終段階と考えますが，そこからいきなりやろうとするのは英語が苦手な生徒には大きな負担になります。

B君：なるほど。単語指導1つをとっても，考えなくてはいけない点がたくさんあるのですね。

○英語指導の接続

Aさん：もう1ついいですか。「小学校では英語が好きだったのに，中学校に入ったら覚えることがたくさんあり，読んだり書いたりすることができずに，苦手になりました」という生徒が少なからずいて，困っています。

増渕：生徒たちは慣れ親しむことがねらいだった小学校外国語活動とのギャップにとまどっているのではないでしょうか。一方，教師は，小学校で英語に慣れ親しんだ生徒が入学してくるため，話せるし，聞けるから大丈夫だと感じてしまい，入門期にアルファベットを簡単に扱っただけで授業をどんどん進めてしまっているかもしれません。これでは生徒たちは大変ですよね。家庭学習の方法をていねいに教えたり，年間を通じて計画的に文字と音のルールを扱ったりするといいですね。

また，読み書きが困難な生徒を発見し，適切な支援をすることも必要です。読み書きに困難を感じる生徒は，クラスの1～2割もいると言われています。「怠けている」と決めつけることなく，個に応じた支援をしていきましょう。

太田：小学校段階で身につけてきたこと，音に対する慣れを生かす指導

をすることが大切だと思います。できることに目を向けて，そこから文字に持っていくことがポイントです。そして聞けて言えることと，読めて書けることは違うことを認識して，時間をかけて書けるようになればいいよ，という姿勢で指導するのはどうでしょうか。

Ａさん：時間をかけていいと聞いて，私も気持ちが楽になりました。あせらず指導していきます。

Ｂ君：僕は高校２年生の授業も担当しているのですが，昨年度の先生の教え方が良かったと公然と口にする生徒が数名います。代表的なのは，「去年の先生は日本語訳をノートに書き取れるように何回も言ってくれたのに」です。

阿野：私も全く同じ経験をしたことがありますよ。こういう時には，昨年度の先生の教え方も評価しつつ，自分はなぜ違った教え方をしているのか，その目的と効果をきちんと生徒に伝えることが大切ですね。

　私も初回の授業50分を使って，授業でたくさん英語を使う意味や，音読を繰り返すことで英語の定着が促進されるなどの説明を日本語でゆっくりとしました。また，毎回の授業後には日本語訳を印刷して渡す約束もしました。そして，中間テストや期末テストで，他のクラスよりも高い平均点を取れたことで生徒たちも安心し，次第にこちらのペースにのってきました。

萩原：自分のやり方だけを一方的に押しつけることはしないで，時には生徒の要求も受け入れられるものは受け入れるということも大切だと感じています。生徒と綱引きをするという感じでしょうか。まずは，「昨年担当された先生のやり方を教えてくれるかな」と生徒から情報を仕入れるところから始めてみてください。

Ｂ君：なるほど。生徒との関係作りにも役立ちそうですね。来週，さっそく聞いてみます。

○**授業規律の問題は？**

Ｂ君：そういえば，最近４月の緊張感もだんだんなくなり，授業中に寝てしまう生徒が増えてきました。特に昼食後の５時間目の授業がつらいです。

阿野：それって教師からの一方的な説明になってしまっているからではないですか？　教師が説明をしていても，生徒に質問を投げかけたり，ペアで考えさせたり，あるいは途中でリピート練習をしたりと，生徒に考えさせたり活動させたりする場面を作ることは必須ですよ。

萩原：実は私も日常的に同じことを経験していて，職員室に戻る時は「ああ，だめだなあ」と後悔することが多いんですよ。生徒の集中力がもつ時間を見極めて，例えば50分の授業を5つくらいのチャンクに分けて，ペアワークやグループワークも取り入れて，指導方法に変化をつけてみてはどうでしょうか。

B君：実は居眠りだけではないんです。4月以来，教科書を机の上に出さず，携帯電話をずっといじる生徒がいます。注意しても無視するか，逆ギレする始末で手に負えません。

阿野：私も初任校では似たような状況の中で授業をしていました。もちろん当時は携帯電話などなかったですが。われわれは授業中にこうした生徒ばかりが気になって仕方がなくなることがありますよね。でも，教科書を出している生徒，教師の話を聞いている生徒がいることも忘れてはいけません。

　　　もし教科書を出していない生徒がいたら，タイミングを見てペアで音読練習をさせるなど，教科書を使わざるを得ない活動をすることもできます。また，大学の授業中に携帯電話を手にしている学生を見かけることがありますが，こういった学生には，携帯電話の辞書で単語の意味を調べさせたり，題材についてインターネットで情報を集めさせたりすることがあります。

太田：同じような状態のクラスで教えている先生がこんな話をしてくれました。「『サンタクロースにクリスマスに欲しいものをお願いする手紙を書こう。その手紙をサンタに送るよ』と話したら，ふだん全然参加しない生徒が突然やる気になって，『先生，これどういうの？』と，突然がんばり始めました。わからないものですね。」この話からわかることは，いろいろな活動をして，そのどこかに生徒が食いつけばいいという姿勢が大切ということと，自分のことを表現することがやはり必要ということです。

Aさん：注意の仕方にコツはありますか。私の教えているあるクラスでは，なかなか集中力が続かず，飽きると近くの生徒とおしゃべりが始まり，教室内が騒然としてしまいます。多少厳しく接すると，かえって言い過ぎた印象で，白けた雰囲気になってしまいました。

阿野：私も実は苦い記憶があります。スピーチをしている生徒の英語を聞かずにおしゃべりをしていた生徒がいたので，授業中にかなり厳しく怒ってしまいました。その後，教室は静まり返り，ほとんど活動ができない状況でした。あの時に "Do you have any questions?" のひと言が出ていればと，今でも悔やまれます。

増渕：中学時代はナイーブで心を開くのが難しい時期です。でも，それだからこそ，「この先生は本当に自分たちのことを気にかけてくれている」と思えば，少々叱っても生徒はついてきますよね。授業が荒れてしまうクラスに行くのは気の重いことですが，教室に向かう時は笑顔で出かけ，ドアを開けたらどの子にも明るく声をかけて，まずは信頼関係を作る努力をしていきましょう。

Aさん：明日からの授業に行く元気が出てきました。この話題についてはまだお聞きしたいことがあるので，今度時間を作ってくださいますか。

全員：ぜひ，また話を聞かせてください。

第 16 章

テストの返却方法，期末テスト後の授業

○テストの結果に一喜一憂する前に

B君：第3章で太田先生がテストの返却方法について触れていましたが，もう少しお話をうかがいたいです。テストを返却すると，生徒は点数を見て終わりといった感じです。平均点より上か下かで一喜一憂しています。生徒が復習できるように，一生懸命解説をするのですが，聞いている生徒は多くありません。

増渕：太田先生のお話は，テストを返す前にもう一度リスニングテストをしたり，間違いが多かった問題を生徒に解かせる，ということでしたね。

太田：そうです。ポイントは返却前にあります。テスト答案を返却したら生徒たちは点数に一喜一憂してしまいますよね。まず返却前に自分たちで振り返らせることがポイントです。返却前にもう一度リスニングテストをさせ，さらに間違いの多かったテスト問題を生徒に解かせた後，解説します。自分が解いたばかりなので，生徒たちはその解説はよく聞きます。

B君：なるほど，解説をするタイミングですね。

Aさん：点数を見て一喜一憂してしまうのは実は教師である私も同じです。どうしたらいいですか？

阿野：そうですよね。点数を見て一喜一憂をするのは，生徒だけではないかもしれませんね。クラスの平均点が伸びていても，今回は生徒たちにとって苦手なライティングの配点が少なかったから点数が上がったということもあるでしょう。この場合は，教師はもろ手を上げて喜ぶわけにはいきません。これに対して，英語を苦手とする生徒の点数は上がっていなくても，これまでは白紙の答案に近かった生徒が，語順は正しく書けていながら，ちょっとしたスペリングミスなどで点数が伸びなかったということも考えられます。この生徒は，点数だけで

108

はわかりませんが，実はとっても努力をしていて，力をつけていることを教師は見てあげなければいけませんよね。

Ａさん：平均点だけで見てはいけませんね。反省反省です。一喜一憂で済ませないためのポイントが見えてきました！　ありがとうございます。

○テストの結果をその後の活動に

Ｂ君：定期テストの結果を今後の学習に活かすことができるような，有効なフィードバックの仕方は何かあるでしょうか。

阿野：どの分野の力がついていないのかを生徒に伝える手段を考えるといいですね。テストの合計点だけではフィードバックに限界があります。ちょっと手間はかかりますが，答案用紙とは別に，それぞれの設問ごとの出題内容と生徒の得点を別紙で配布することも効果があります。例えば「会話の聞き取り」「疑問文の語順」「文章の内容理解」などの小問ごとに配点と生徒の得点を記入して返却することで，生徒自身が何を重点的に復習しなければならないかを伝えることができます。

萩原：表計算ソフトに入力していけば，それほど時間がかからずにできるでしょうね。もっとも，設問ごとの得点集計が意味を持つのは，第３章でも触れたようにそれぞれの設問が生徒のどのような力を測定しているのか明確になっていることが前提ですね。「総合問題」ではあまり意味を持たないことになります。

Ｂ君：そうですね。総合問題ではどの分野ができていないかがわかりませんね。

Ａさん：テスト返却の際に，共通する間違いをまとめて示すのですが，下位層の生徒たちを巻き込めていない気がします。

増渕：生徒に１人で考えさせた後に，ペアやグループで相談する時間を設けてはどうでしょうか。その際，なぜその答えになるのか，「班の全員が理由を説明できるように協力して活動しなさい」とすると学び合いが始まります。同じ説明でもクラスの仲間がするととてもよく聞きますし，教員が思いつかない上手な説明をする生徒もいて，こちら

も勉強になることがあります。一方，正解していても，説明となるとできない生徒も多いんですよ。

阿野：授業で身につかなかったことが，テスト後の教師の説明だけで身につく可能性は低いですよね。生徒自身で考え，仲間と協力し合うことで理解を深めてからが教師の出番，というのも1つのアプローチですね。

Aさん：まずは生徒たちに考えさせることが必要ですよね。わかってはいるのですがつい…。説明の前に考えさせる，やってみます。

B君：テスト後の授業ではどう扱えばいいですか。テストの結果から，生徒が理解できていない点をその後の授業で活かそうとするのですが，どうしても説明することが多くなってしまいます。

阿野：いい視点ですね。何人もの生徒に共通する誤りがあるということは，まだまだ繰り返し授業で扱う必要があるということです。その場ですべてを理解させようとするのではなく，これからの授業で該当項目が出てきた時に，ちょっと立ち止まっていねいに指導し，生徒にたくさん使わせてみることで，定着を図れればと思います。あわてないこと，これも大切ですよ。

萩原：語彙や文法事項の「リサイクル」も有効です。教科書でその後出てこない場合は，教師が例文などで意識的に取り入れる必要があります。時間をおいて何回も繰り返し提示していけば，説明する時間はほとんど必要なくなりますし，生徒への定着度も少しずつ上がってくるはずです。

太田：説明をするにしても，活動をして考えさせてからがいいですね。

○テスト後の授業を活用する

Aさん：期末テスト後の授業をどうしたらよいでしょうか。ビデオや映画を見せるなどしているのですが，何か生徒にチャレンジさせる時間にあてたいと思っているのです。

B君：僕も同じです。期末テスト後の授業が各クラス3時間程度あるのですが，生徒たちはすっかり長期休暇モードで気が抜けてしまって，授業が「消化試合」になってしまっています。

増渕：テスト前は，生徒は「試験に何が出るか」で頭がいっぱい，教師も範囲を進めることで精一杯，となりがちですね。その点，試験後はゆっくり活動に取り組むことができるので，私はこの期間が大好きです。ここで助走をつけて，長期休業中の課題を踏み台に，一気に休み明けの授業へとジャンプするイメージです。例えば，中2の4月，教科書の最初の課題が「春休みのできごとを日記に書く」だとします。春休み前の授業で何をしておけば，生徒たちが気持ちよく中2のスタートを切ることができるでしょうか？

Aさん：中1の3月にすべきことということですね。生徒たちは過去形を習ったばかり。学年末テストでも詳しい内容までは扱えていない，という状態だから…。過去形を使う機会を作って，慣れさせておくことが必要ですね？

増渕：そうです。そう考えていくと，定期試験後の時間は本当に貴重ですよね。

阿野：夏休み前などであれば，夏休みに出す宿題につながる指導をしたり，場合によっては，夏休みの宿題を授業で始めてみたりしてはいかがでしょうか？

B君：宿題につながる指導ってどんなものですか？

阿野：もしサイドリーダーを読ませるとしたら，普段授業で読解前に行っているオーラル・イントロダクションを行うようなイメージの活動です。課題にする本が映画になっているのであれば，映画の一部を見せて，ストーリーへの興味を掻き立ててもいいでしょう。ワークブックのような課題ならば，授業中に問題を解き始めさせて，つまずいている生徒に学習の仕方をアドバイスするだけでも，休み中に1人で取り組む自信を持たせることになるかもしれませんよ（第4章参照）。

萩原：試験範囲をもう一度学習してもらうために，私はよく音読テストやストーリー・リテリングのテストなどをやります。1人ずつ廊下に来てもらって，教科書1ページほどを音読してもらうのですが，生徒たちはテストとなると，一生懸命練習をしてきます。いいところをほめることを重視しますが，1つだけ直すべきことを指摘するようにしています。このようなパフォーマンス・テストについては，また別の

```
テスト後の授業を活用するには…
例1  中2のはじめに「春休みについて日記に書く」ために、
    中1で「過去形に慣れさせておく」
    →長期休暇中の課題を踏み台に、一気に休み明けの授業へジャンプ！
例2  長期休暇中に出す宿題を授業で始めさせてみる
    →休み中に1人で取り組む自信を持たせる
例3  音読、ストーリー・リテリングのテストなどで"試験範囲をもう一度学習
    →いいところをほめる＋直すべきところを1つだけ指摘
```

機会にお話ししたいですね。

太田：私もパフォーマンス・テストを行いました。スキットや音読など，試験勉強で教科書をたくさん読んだことを活かすという意味もありました。

○指導したことを評価する

B君：ところで，自分が授業で教えていることとテスト問題が乖離している気がするのですが。

太田：具体的に教えてもらえますか？

B君：はい。僕はできるだけ英語で教えたり，授業に活動を盛り込んだりしているのですが，定期テストは共通テストなので，僕が授業でやっているような問題を出題することは不可能ですし，リスニングテストもまとまった英語を書かせるような問題もありません。先日，テストの返却をした際に，生徒から授業でやっていることは出ないのですかと聞かれました。生徒たちに嘘をついているようで辛いです。

阿野：共通テストを行うのであれば，共通の到達目標を持たなければなりません。それぞれの学校でCAN-DOリストを作成することになっていますが，その際に，英語科の中で話し合い，共通理解を得ることが大切です。単元ごとの評価規準でも共通理解が図れていれば，テストではそれに沿った出題がなされるはずです。現実問題として，同僚間で授業の進め方を統一するのが難しい場合が多いのはよくわかります。しかし，ゴールとなる到達目標だけは同じところに置いておかな

いと，共通テストは作れないですからね。

B君：阿野先生が言われることは本当によくわかりますが，いきなりはできないのでどうしたらいいのか…。

萩原：B君の気持ちはよくわかります。教科で歩調を合わせるのが難しい場合は，リスニングやライティングの力を測ることができる小テストをしたり，課題を出すことで評価し，それを平常点とすることもできますよ。

Aさん：私の勤務校でも「指導と評価の一体化」ということを管理職の先生がよく言われます。定期テストの点数と評価のしかた，評定の出し方の関連で，何か注意することはありますか。観点別評価のつけ方もまだしっくりきていません。

増渕：私の授業は実技テストが多いので，平常点と定期試験を半々にして評定を出しています。年度初めに生徒につけてもらいたい力やその目標を達成するためのステップについて評価計画を立て，それを生徒に伝えて，納得してもらった上で授業をするように心がけています。観点別評価の振り分けはねらいに応じて，でいいと思います。例えば，「音読」は設定のしかたで4観点のどれにでも入りますよね。ただ行き当たりばったりでは困ります。CAN-DOのような示し方が生徒も教師もわかりやすいですから，それを年間計画の中に位置づけて，実際に指導した結果を評価していくとよいと思います。

阿野：目標をしっかり立てていれば，評価ではその目標がどの程度達成できているかを見取っていくことになりますよね。例えば，「まとまりのある英文を読んで，その要約文を作ることができる」という目標を立てれば，定期テストでは，ある程度まとまった英文を読ませて要約文を作るという出題になります。「夏休みの予定を伝えることができる」という目標に向かって授業をしていけば，夏休みの予定についてのスピーチややりとりのパフォーマンスで評価することになるでしょう。指導と評価が必然的に一体化せざるを得ませんよね。

太田：まず目標を設定し，その目標を達成するために授業を行い，どのくらい達成できたかを定期テストやパフォーマンス・テストで評価するという流れを意識してがんばってみましょう。

第 17 章

授業規律・英語嫌いへの対応②

○ペアワークがうまくいかない…

萩原：1学期も残り少なくなりましたね。以前，授業作りがスムーズに
いかないというお話でしたが，その後はどうですか。

B君：おかげさまでずいぶん改善され，とても楽しく授業ができるよう
になってきました。でも，新たな問題点が浮上してきて，気になって
います。

萩原：どんなことが気がかりなのですか。

B君：ペアワークにうまく取り組めない生徒が数名います。そのような
生徒がパートナーになった相手の生徒は気まずそうにしています。日
頃の学校生活でも人間関係を構築するのが難しいようです。

増渕：最初は人間関係を考慮したペアにしてもいいですね。この子とな
ら活動できるというペアで始め，活動に慣れてきたらいろいろな人と
関わらせていくことで，集団の人間関係を改善できると思います。

阿野：増渕先生が言っている「人間関係を考慮したペア」がうまく機能
している例を見たことがあります。かなり指導が大変な高校でしたが，
「普段休み時間に話をする友だち同士でペアを組んでいい」という指
示で行っているペアワークでは，生徒たちが嫌がることなく活動に取
り組んでいました。

B君：確かに生徒たちは喜ぶと思います。でも，自分でペアを見つける
ことができない生徒も出てくると思いますが…。

阿野：その通りですね。生徒が自由にペアを組んでいる時に，1人でい
る生徒には十分配慮をする必要があります。3人や4人グループになっ
て活動してもいいと言って，その生徒が入れそうなペアに加えたり，
スタートは教師がその生徒の相手になって，それから別の生徒と練習
を続けさせたりするなど個別対応は必要になると思います。

Aさん：でも自由にペアを組ませると収拾がつかなくなりそうです。

太田：これはある先生から聞いたアイディアですが，教師が授業開始直後に生徒1人ひとりの名前を書いたカードを机の上に置いていき，生徒が自分の名前を見つけてその席に移動して座るというシステムで授業を行っていたそうです。毎日どの席になるか，誰がペアになるかワクワクしていたそうです。このように，その日の活動を考えて意識的にペアを作ることもできますよね。

萩原：ペアワークが始まっても，何をしていいのかわからない生徒，結構見かけますよね。教師は説明をしたら生徒はわかるものだと思っていることが多いですが，教師自身が1人の生徒とやってみせたり，代表のペアにデモをさせてそれを教師がサポートしながらやり方を示したりするなどのしかけが，とても大切だと思います。

阿野：日常生活ではなかなか友だち作りがうまくいかない生徒が，英語の授業中の活動では友だちと言葉のやりとりをしていることはよくありますよね。仲間作りまではいかないまでも，友だちとコミュニケーションを取るきっかけになることは十分に考えられます。かなり以前のことですが，小学校で飛び込み授業をさせてもらった時に，担任の先生から「普段笑顔を見せない生徒が，楽しそうな表情で英語を楽しんでいた」という嬉しい報告を受けたことがありました。

Ａさん：楽しそうですね。英語の授業の中で，生徒と生徒をつなぐ人間関係作り，仲間作りができたら最高です！

太田：英語は言葉，人と人をつなぐものですから，何気ないコミュニケーション活動でお互いのことを知ったということが，人間関係作りの助けになると思います。その点で私がおすすめする本は，Gertrude Moskowitz 著，*Caring and Sharing in the Foreign Language Class* です。タイトルが示す通り，人間関係を良くする，自尊心を高めるなどの活動 (humanistic activities) が多く載っている本です。

○生徒の習熟度の差にどう対応するか？

Ａさん：ペアワークとも関連するのですが，クラス内で英語の習熟度における差がとても大きく，苦労しています。

Ｂ君：僕の授業でも，英語が得意な生徒は飽きてしまっているようです

Let's Read Aloud!　　　　　　　　　　　　　　**L2-2 (p.14)**

　まるで（　　）がないかのように，スラスラと音読する。ペアの人に「合格」と言われたら，次の
レベルに進む。②から先は，前の級の英文を折るなどして隠しなさい。②以降で訳が必要なときは，
「達人」を見る。二人とも達人になったら，ノートに暗写！

① 初心者（動詞）

その日（の活動）が終わりに近づいたとき， 私は <u>見つけました</u> 不思議な石を。	Near the end of the day, I （f　　） a strange rock.
それを見つけたとき， 丘先生が <u>歩いていました</u> 近くを。	When I (f　　） it, Mr Oka （w　　） (walk　　） nearby.
私は <u>たずねました</u> 先生に， 「これは何<u>ですか？</u>」と。	I （ask　　） him, "What'（　　） this?"
先生は <u>おっしゃいました</u>， 「<u>それは</u>昔の貝<u>だ</u>よ。 私たちの町は <u>あったんだ</u> 水中に 遠い昔」と。	He (s　　）， "That'（　　） an old shell. Our town (w　　） under water　long ago."

② 初級（前置詞）

　（N　　） the end (o　　） the day, I （　　） a strange rock.　When I （　　） it,
Mr Oka （　　） (walk　　） nearby.　I (たずねた) him, "What'（　　） this?"　He (言った),
"That'（　　） an old shell.　Our town （　　） (un　　） water　long ago."

③ 中級（形容詞・副詞）

　（N　　） the end (o　　） the day, I （　　） a (str　　） rock.　When I （　　） it,
Mr Oka （　　） （　　） (near　　）.　I （　　） him, "What'（　　） this?"　He （　　），
"That'（　　） an (o　　） shell.　Our town （　　） (un　　） water　(l　　） (a　　）."

④ 上級

　Near ⬚ of ⬚, I found ⬚.　⬚ I found ⬚,
⬚ nearby.　I asked ⬚, "⬚?"　⬚ said ,
"That's ⬚.　⬚ was ⬚."

⑤ 達人（暗唱！）

　その日（の活動）が終わりに近づいたとき，私は不思議な石を見つけました。それを見つ
けたとき，丘先生が近くを歩いていました。「これは何ですか？」と先生にたずねました。先
生は「それは昔の貝だよ。遠い昔，私たちの町は水中にあったんだ」とおっしゃいました。

ワークシート　（*NEW CROWN ENGLISH SERIES 2*, Lesson 2
"A Calendar of the Earth" GET Part 2，増渕作成）

し，一方，成績が下位の生徒を置き去りにしているようで本当に申し訳なく思っています。学力差に対応した授業のやり方，ワークシートの作り方などについて何かコツのようなものはありますか。

増渕：左のワークシートはペアでの音読練習で使うものですが，初心者から達人までレベル分けをしています。レベルがあることで，それぞれが目標を持って楽しみながらできるようです。

Aさん：どのレベルを音読するかは先生が決めるのですか？

増渕：そういう場合もありますが，たいていは生徒に自分で選ばせます。英語が得意でも「初心者」から始めたい生徒もいれば，いきなり「上級」から挑戦する生徒もいます。英語が苦手な生徒の中には，プリントは使わずに，教科書を一緒に音読してくれるようペアの相手に頼む子もいるんですよ。どこから始めても，ペアの相手のアドバイスがあれば，だいたいその子の力に合ったところに落ち着きます。

B君：ペアの相手がポイントなんですね。具体的にはどうするのですか？

増渕：ペアの相手はサポートと評価をします。教科書を見ながら音読を聞いて，空欄に入れた語が合っているか，発音は大丈夫かなどをチェックし，間違えていればヒントを出したり，教えてあげたりします。1つの級を読み終わったら評価して，合格だと思ったら次の級に進むように言いますが，だめならやり直しをさせたり，下の級に戻るようにアドバイスしたりします。教師はこのようなペアの役割設定に加えて，活動時間を1人2分などとはっきり指示します。「この2分間は全面的に相手のサポートをする。2分たったら役割交替」と設定しておくと，学力差のあるクラスでも互いに遠慮なく活動できると思います。

Aさん：第15章で英語嫌いへの対応として，例えば語彙をすぐ書けるようになることを求めるのではなく，まずは「聞いて，または読んで意味がわかる」という段階も認めるとよいと太田先生が話していました。なるほどと思って，さっそく生徒に話してみたんです。でも，生徒は「テストでは書けないとだめなんでしょう。多すぎて無理！」とあまり納得してくれませんでした。

太田：単語テストをする場合は，先生がその単語が使われている文を読

み上げ，次にその単語を発音する。生徒は聞いて，その単語の意味を
日本語で書くという形式はどうでしょうか。生徒にとっては書けなく
ても意味がわかれば○になります。このようなテストをすることが，
まず聞いて，読んで意味がわかることを示す機会になります。

増渕：定期考査でも，単語を聞いたり読んだりして絵と結びつける問題
　　が出せますね。

萩原：そうですね。英語が苦手な生徒でも努力すればできる形式を保障
　　したいですね。やさしいレベルでは英単語と日本語の意味のマッチン
　　グ，中級以上で私がよく使うのは，単語の英英辞典での定義とその単
　　語が使われている例文の2つをヒントに英単語を選択肢から選ばせる
　　形式です。

増渕：また，中学校の教科書には「太字」の語と「細字」の語があります。
　　太字は発表語彙，細字は受容語彙などの説明があると思うので指
　　導書で確認しましょう。生徒にもその意味を伝えて，勉強する時は太
　　字の語から取り組むようにアドバイスしたいですね。

○授業内の活動のねらいを伝えるには

B君：「ねらいを伝える」ということがよく話題になるのですが，自分
　　ではどうもうまくできません。第15章で阿野先生が，初回の授業50
　　分を使って「授業でたくさん英語を使う意味や，音読を繰り返すこと
　　で英語の定着が促進されるなどの説明」をしたと話しているのを聞い
　　て驚きました。そもそも僕は50分も話すことが思いつきません。ど
　　うしたら英語嫌いの生徒たちを引きつける内容が話せるのでしょう
　　か。

阿野：まず「みんなは英語でどんなことができるようになりたいと思っ
　　ている？」「それは今できている？」という質問から話を始めました。
　　多くの生徒から「英語を話せるようになりたいけれど，全然話せない」
　　という答えが返ってきます。ここから「英語を日本語で理解していて
　　も，それを自分の言葉で話せるようにはなっていないみたいだよね」
　　という展開に話を持っていきます。その後は，「じゃあ，どんなふう
　　に英語を勉強したら話せるようになると思う？」という質問をします。

Ｂ君：ここで生徒たちに意見を出させるのですね。

阿野：その通り。こちらからは答えを言わないで，どんどん生徒に聞いていきます。もちろん日本語でです。そうすると，「英語で話す練習をする」「たくさん英語を聞く」「やっぱり音読していないからだめなのかな」などの意見が出てくるので，こうしたことを授業でやっていこうと思っているとこちらの考えを伝えていくのです。決して50分間一方的に話し続けるのではなく，生徒に考えさせながら話をまとめていく方法がいいと思います。高校生だと「でも大学入試が心配」という声が出てくるので，ここで「今の大学入試問題は，短い時間でたくさんの英文を読むスピードが求められていて，ゆっくりと日本語に訳して理解していたら間に合わないから，授業でも速く読む練習をしよう」と話すといいですよ。そして音読をしっかりしていれば，必ずテストでも高い点数が取れるようになると説明します。さらに，授業で行っていく活動について，その目的と効果をなるべく具体的に話して，家での復習の大切さについても話をします。

Ａさん：毎回の授業についても教えてください。ねらいをどのタイミングで，どのように示すかも迷っていることの1つです。なるべく英語で進めたいと思うのですが，実際は日本語になってしまいます。

阿野：授業中に日本語を使ってはいけないということはありませんよ。英語で進める中で，「ここ！」というタイミングで日本語を入れることで，生徒に明確に伝えることができるものです。ねらいを示すタイミングですが，これも臨機応変でいいと思います。オーラル・イントロダクションの中で，その授業で何がねらいかを生徒に気づかせることができるのであれば，あえて日本語で提示する必要がないこともあります。

Ａさん：よくわかりました。今回も具体的なヒントをたくさんもらえました。ありがとうございます。

萩原：あせらず少しずつ変えてみてくださいね。

17　授業規律・英語嫌いへの対応②　119

第18章
研究会の成果の活かし方

○研究会をきっかけに

Aさん：先生方はいろいろな研究会に参加してきたと思いますが，先生
　　方と研究会との出会いを教えてくださいますか。

増渕：私が本格的に研究会に所属して勉強するようになったのは，ごく
　　最近です。新人の頃は「教師は現場から学べ」と言われて研修で校外
　　に出ることは奨励されず，学校で生徒とともに過ごし，何かあれば先
　　輩の先生方から教えてもらうことが多かったように思います。その後，
　　自分の子育てが始まると研究会に出るのはさらに難しくなり，その間
　　は本を読んだり，ビデオを見たりして独学で勉強していました。です
　　から，子育てがひと段落して研究会に出ようと思った時は，真っ先に
　　ビデオに出ていた先生の講演を探して出かけていきました。それが太
　　田先生です。

太田：そうでしたね。なつかしいです。私は強制的に連れていかれたの
　　が研究会参加への出発点です。最初の勤務校の校長先生に「行くぞ」
　　と言われて。最初は正直「部活をしていたいのに」と思っていました。

阿野：私は教員になって最初の10年くらいはテニス部の指導にすべて
　　を（？）かけていたので，土日の練習はもちろんのこと，夏休みなど
　　も連日，練習試合や大会などがあり，いわゆる新任研修や5年次研修
　　などの公的な研修会以外は一度も行ったことがありませんでした。10
　　年次研修では自分の授業を公開もしましたが，同僚の先生から何度外
　　部の研究会に誘ってもらっても，部活動があるからという理由で行き
　　ませんでした。

B君：ではどんなきっかけで行くようになったのですか？

阿野：30代半ばにさしかかった頃，テニスの指導に区切りをつけて，
　　これまでやりたかった英語教育の研究をするために長期研修員として
　　大学院に入った時に，同じ研究室の方に声をかけてもらったことが

きっかけです。ここから自分の世界が一気に広がりました。「まず行ってみよう」というところがスタートでした。

萩原：私は教員2年目に英語教育誌の後ろに載っている研究会の案内を見て，地元の小さな集まりに参加したのがスタートです。それ以来35年間も毎月1回の例会活動を続け，ここ十数年は私が主宰しています。参加者は15名前後のこぢんまりとした研究会ですが，初参加者もふくめて全員が発言する，まとまった実践でなくても参加者が自分の授業について報告する，授業の悩みなどを遠慮することなく出し合える，というようなアットホームでお互いの顔が見える研究活動を続けています。毎年秋に出る『英語教育』増刊号で紹介されているように，英語教育に関しては本当にさまざまな研究会があり，それぞれに特徴がありますから，いくつかに参加してその中から継続して参加する研究会を決めるといいですよ。私は先ほどお話ししたものと合わせて，主に参加する研究会が2つあり，これとは別に年に1度の研究大会や時間がある時に参加する研究会がいくつかあります。

B君：なるほど。先生方それぞれが違った形ですが，研究会が大きなきっかけになったのですね。

太田：英語教師として，英語教育を考え，授業を良くしたいと思う大きなきっかけになりました。

○研究会で得られること

Aさん：先生方は研究会に参加して何を一番に学びましたか。

阿野：指導技術などもいろいろ学び，これまでの自分の授業を振り返ることができましたが，実はそれ以上に大きな収穫がありました。なんといっても，励まし合い，学び合える仲間がたくさんできたことです！それまでは同僚の先生方から学ぶことはありましたが，多くは書籍や『英語教育』などの雑誌から情報を取り入れていました。しかし，研究会に足を運ぶことで，同じ悩みを持つ先生方と語り合い，学び合いができたのです。実は私たち4人も，研究会で知り合ったんですよ。本当に大きな財産です。

増渕：私も研究会の仲間には本当に励まされています。大きな研究会も

そうですが，地域の仲間が運営する手作りの小さな研究会も私にとってはかけがえのないものです。それから，研究会で1回聞いただけなのに，何年たっても鮮やかに心に残っている忘れられない発表や，今でもそこに近づくために努力をしたくなるような，そんな先生方にも出会えました。

萩原：伝統的にオーラル・メソッドを使った授業作りを進める研究会では，授業作りのイロハを教えてもらい，現在でも自分の授業構成の根幹をなしています。一方，こういう研究会もあります。つい最近の月例会で中学校2年目の先生がこの1年間の授業の様子を報告してくれました。生徒のさまざまな妨害行為，授業中に他クラスの生徒が乱入するなどで授業が成立しにくく，他の先生方の支援も見込めず，「感情をなくした」中で孤軍奮闘してきた授業の報告でした。このような報告をしてくださった先生の勇気に大きな拍手を送るとともに，参加者からは温かい激励を伴ったさまざまな意見やアドバイスが出て，とても感動的な例会となりました。1年後に再度報告することを約束してくれたのですが，この先生の成長が楽しみでなりません。研究会が先生を支える場になることもあるのですね。

太田：中学校教諭時代に勤務していた区教研でも多くを学びました。環境が同じ地域だからこそ，教科書の使い方，副教材の選び方など，同じ地元の先生方同士で情報共有をしたことが大きかったです。

○参加した後，どう活かすか

Aさん：私はよく研究会に参加するのですが，参加するだけで満足してしまいます。自分の授業に活かすにはどうしたらいいですか？

阿野：参加してみることがスタートなので，大きな一歩は踏み出していますよ。次は，1回の研修会で何か1つでもいいから自分の授業で役に立ちそうなことがあるかを考えながら，能動的に参加してみましょう。そして，疑問は講師や発表者の先生にぶつけてみてくださいね。ビデオなどだけではわからない発見もあると思いますよ。機会があればご自分の授業を公開してみるのも，勇気はいると思いますが，とってもいい勉強になりますよ。

B君：夏休みにいくつかの研究会に参加して授業を見ました。どれも真似したいものばかりで、どれにしたらいいか悩んでしまいます。そうして結局、消化不良に…。どうしたらいいでしょうか？

阿野：自分が目標とする授業を見つけられたら幸せですね。ただし、あこがれる授業にも、そこまでたどり着くための長い道のりがあることをしっかり考えましょう。さらに、生徒は学校によっても、教室によっても違いますよね。ただ真似をするだけではうまくいきません。1つの形にとらわれるのではなく、自分の授業に「参考になる」と思える点を見つけて、少しずつ自分の授業に活かしていってくださいね。

萩原：これはぜひやってみよう、という実践に年に1回くらいの割合で出会います。1つの例が数年前に研究会で報告を聞いた都立高校での多読指導の実践です。会の終了後、報告をされた先生に話を聞き、実際に多読指導で使った教材やプリントを送ってもらいました。これを自分の学校で追実践するためにはどうしたらよいかじっくり考え、1年ほど時間をかけていろいろな読み物教材を集め、そのワークシートを作り、20本ほどストックしました。これを毎週末に "Weekend Reading" と名付けて週末課題とし、高校3年生の選択講座で実践をしました。生徒は1年間で教科書2冊半くらいの分量の英文を読んだことになります。このように、すぐに真似をするというよりは、中長期的に準備を進めて、実践の時機をうかがうというのもいいのではないでしょうか。

B君：これはいいと思って真似をするのですが、うまくいかなくて、「あの先生だからできるんだ」と思って、結局やめてしまいます。

阿野：え、私のことですか？

B君：いえ、研究会で発表した先生です…。

増渕：うまくいかない時に落ち込む気持ちはよくわかります。ついつい「あの先生、あの生徒だから」となりがちですが、生徒も学校も違うので、同じことをしたらうまくいかないのは当然ですよね。そこであきらめないで、生徒の様子に合わせて工夫しながら続けてみることが大切です。

萩原：自分の教えている学校で、クラスに合うように落とし込むという

のが大切ですね。先ほどお話しした多読の実践ですが，発表された先生の高校では1年生で使った教材を，私の学校ではそれを生徒に合うようにアレンジして，高校3年生で使ったのです。さらに，必修の授業で全クラスを対象に行うことは難しいと考え，私と別の先生の2人で担当する選択英語で実践しました。

太田：私はまず3回はやってみることをおすすめしています。「よしやってみよう」と思って，自分の教室で実践しても，一度目はうまくいかないのは当たり前ですよね。先生も慣れていない，生徒たちはもっと慣れていないのですから。そこで生徒たちの様子に合わせて修正して二度目を行ってみます。また改善点が見つかり，そして三度目にやっと少しずつやれるようになっていく感じが普通だと思います。

○多くを求めず，できることから

Aさん：「いいなあ」と思いながら，次の日は忙しくて，なんて日々が続き，結局授業が変わらないのです。

阿野：すぐに授業を変えようとしてもなかなかうまくいきません。まずは，できるところから，ちょっとしたひと工夫をしてみるだけでも十分です。その積み重ねを続けていきましょうね。

太田：もう1つは，その実践をする際の考え方を参考にすることです。例えば，「教科書本文を何度も読ませる」という考え方で，ある実践がされている場合，同じ活動を真似するのではなく，自分のクラスで「教科書本文を何度も読ませる」ためにどのようなことができるかを考えてちょっと試してみるのはどうでしょうか。

Aさん：なるほど，一度に多くを求めずに…ですね。

B君：先生方は研究会で講師をされていますよね。私たち参加する教員に何かメッセージをお願いします。

阿野：部活動でいいチームを作ろうと思ったら，学校内だけで練習していても限界があります。強いチームの試合を見たり，他の学校と練習試合をしたりして，少しずついいチームになっていきますよね。そして，他校の顧問の先生と知り合いになって，学び合うこともたくさんあると思います。研究会も同じだと思いますよ。講師をしている私た

ちも，参加されている先生方と一緒にたくさんの学びをさせてもらって
います！

萩原：「フットワークを軽く」というメッセージをお送りします。学校
が大変な状況でもがんばって外部の研究会に足を運んでみることから
スタートしましょう。そして，参加した方と交流していると，同じ悩
みを持っている方がいることに気づくはずです。悩んでいたり，うま
くいかないのはあなただけではないのです。さらに勇気を出して研究
会の後に行われる懇親会にも出てみると，参加者や講師の先生方と打
ち解けて話せて有益だと思いますよ。そこからプリントを交換したり，
教材を分けてもらったりと実践が広がることもあります。

太田：地域やいろいろなところで行われる研究会で，お互いに励ましあ
い，支え合い，そして高め合いましょう。私たちに研究会で会ったら
声をかけてください！

増渕：そうはいっても，研究会は敷居が高いと感じることもありますよ
ね。でも，大丈夫。最初は私もそうでした！　まずは会場に満ちるエ
ネルギーに触れるところから始めてみましょう。

18　研究会の成果の活かし方　*125*

第19章

パフォーマンス・テスト
——どんな内容をどう実施するか

○パフォーマンス・テストはなぜ必要？

Aさん：第16章で話題になったパフォーマンス・テストについて，もう少し詳しく教えてください。スキット発表や面接テストを取り入れてみたのですが，いろいろ悩みが出てきました。

萩原：私もパフォーマンス・テストについては，また話したいと思っていました。では今回はパフォーマンス・テストについて考えてみましょう。B君も困っていることはありますか？

B君：僕はパフォーマンス・テストをしていないんです…。

阿野：あれ？　そうでしたっけ。

B君：はい。他のクラスと進度を合わせないといけないため，自分のクラスだけパフォーマンス・テストをすることができないんです。

阿野：でも，パフォーマンス・テストは大切ですよ。

B君：そうなんですね…。なぜなんですか？

太田：ペーパーテストで測ることができるものと，できないものがありますよね。できないものの1つがスピーキング力です。そうするとそれを測るために,実際に生徒に話す機会を与えて行うパフォーマンス・テストが必要になりますね。

阿野：そしてテストがあれば，それだけ生徒が授業中の話す活動に熱心に取り組むという効果もあります。CAN-DOリストで「できる」ことを目標にする背景には，どのくらい「できるか」を実際に活動を通して評価するというねらいもあるのです。

B君：でも，うちの生徒は，アウトプットは全くできません。前にチャットをやろうとしたら，"I was went ..." などと言い始めて，大変なことになってしまいました。今までやってきていないので,無理なんです。

太田：今まで授業でどのくらい行ってきましたか。

B君：1，2回です。やってみたけれどうまくいかないのでやめてしま

いました。

阿野：それはもったいない。力をつけるための第一歩は継続して行うことです。やるなら…

太田：今でしょ！

阿野：太田先生，ちょっと古いですね。

太田：そうですか…。日頃からペアやグループで話すなど，アウトプットの活動を継続的に行い，それを測るためにパフォーマンス・テストを行うという流れを作ってみるといいですね。

阿野：その通りです。活動はできるようになるためにやるものですよ。パフォーマンス・テストも，できるようになるという目標，そしてどのくらいできるようになったかを測る手段としてあるのです。「50m泳ぐことができる」という目標に向かって，パフォーマンス・テストを行ったと考えてみてください。全く泳げなかった生徒が25m泳げたら，これは大きな進歩として評価でき，50mに向かってさらに努力をすることができるかもしれませんよね。"I was went"と過去形を使えるようになっただけでも進歩です。次の段階で"I was"なのか"I went"なのか使い分けられるようになることです。

○**パフォーマンス・テストってどんなもの？**

Aさん：パフォーマンス・テストにはどんなものがありますか？

太田：いちばん多く行われているのが，スピーチやshow & tellのような発表ですね。私が中学教員の時代にいちばん多く行ったのは，ALTと生徒との1対1インタビューテストでした。

萩原：やったことがない先生がまず簡単に始められる活動としては，教科書の音読テストをおすすめします。教科書本文をパートごとにコピーして，それを裏返しにして生徒に1枚選んでもらい，音読してもらいます。私は「コミュニケーション英語Ⅰ」の家庭学習として，CDを使ったさまざまな音読練習や，単語や教科書本文を書く練習をすすめていますが，そういった日頃の家庭学習と結びついてくれればという気持ちもあります。

阿野：他にも単元のテーマを活かしたリテリングや複数の単元のまとめ

19　パフォーマンス・テスト──どんな内容をどう実施するか　*127*

として行うスキット作成などもパフォーマンス・テストになりますよ。

Aさん：リテリングって何ですか？

増渕：内容が理解できている英文（教科書本文など）を，キーワードや絵をヒントに自分の言葉で再生する活動です。

B君：あ，その活動ならやっています！　萩原先生が第16章でリテリングって言っていたのはそのことだったんですね。それもパフォーマンス・テストになるんですね。それならできそうです。

○フィードバック・評価方法

B君：ただ，今やっているリテリングで生徒の力が伸びているのかわかりません。結局生徒は英文を暗記して言っているだけだと思うんです。

阿野：生徒の習熟度によっていろいろな形があると考えてください。なかなか英語を口にしない生徒が，たとえ丸暗記でも英語で発表できれば，それは本当に価値があることです。英文を覚える努力，その英語を人に伝える努力は必ず大きな力になるはずです。そこから少しずつ，自分の言葉にしていけばいいですよね。

萩原：私の授業でも忠実に本文を暗唱（リプロダクション）する生徒がほとんどですが，ただ暗記した文章を再生するのではなく，ペア活動の相手に「語る」，教室の前で生徒全体に「語る」ということが大切ですね。リプロダクションができるようになったら，一部を自分の言葉に言い換えてリテリングに近づけたり，1文だけ自分の意見を付け加えさせたりして，少しずつ発展させるようにするといいですよ。

Aさん：自由に話させると間違いばかり目についてしまいます。どうしたらいいでしょうか。

増渕：フィードバックは個や集団に応じてでよいと思います。クラスの前で訂正されることに抵抗を感じる生徒もいるでしょうし，逆に教師が簡単な英語で言い直してあげることが効果的な時もあります。6月に中1の授業で自分の理想の時間割を発表させた際，ある生徒が一生懸命ジェスチャーをしながら，"School no! No no every day!"と言ったのです。周りの生徒は「時間割じゃない」と大ブーイングでしたが，ALTは "No school every day." と言えば通じる英語だ，よく挑戦した

とほめてくれました。その後，そのクラスは間違いを恐れず，発表を楽しむ雰囲気に変わったんです。

B君：でも，発表した英語はめちゃくちゃですよね。評価はどうしたのですか。

増渕：目標は「ALT に自分の理想の時間割を伝える」ことでしたから，ALT の評価は A でした。

A さん：そうなんですね⁉　それにしても実技テストはその場で評価するので，とても大変です。どう考えればいいのでしょうか。

太田：評価項目として主なものには，fluency や accuracy などがあります。fluency は流暢さです。流暢に話せるかを見ることになります。例えば，ALT の質問にすらすらと答えることができる。ALT に自分のことをよどみなく言えるなどを評価することになりますね。一方，accuracy は正確さですので，文法や語彙を正しく使いながら発話できるかになります。どの程度の正確さを求めるかは，生徒のレベル，それまでに何を習っているかなどによって決めるといいでしょう。例えば，コミュニケーションに支障をきたす，誤解が生じる語彙の選択や動詞の時制のミスなどは減点し，一方，冠詞，三単現の -s など日本人にとって定着しにくい事項の正確さは求めない，などが考えられますね。

阿野：評価項目を欲張らないことも大切です。授業で目標にしていたポイントを生徒がクリアできているかだけを測るのでもいいですよね。スピーチ指導でアイコンタクトを取ることを目標に練習していたとしたら，アイコンタクトさえ取れていればそのテストは満点という場合があってもいいでしょう。こうしてポイントを絞ることで，生徒も何に注意したらいいかが明確になります。

萩原：また，パフォーマンス・テストでは設定時間内に全生徒が活動を終えるという実用性の問題も重要です。さきほどお話しした音読テストでは，1 人 1 分間と時間を決め，その場で評価シートを渡すことで時間短縮を図りました。本来なら，1 人ひとり口頭でコメントをしたいのですが，それでは時間内に全生徒のテストが終わりません。フィードバックもしたいので，その中間的な方法をとったわけです。さらに，

19　パフォーマンス・テスト——どんな内容をどう実施するか　*129*

廊下で1人ずつ行うのですが，間を空けたくないので，次の順番の生徒は教室入り口に椅子を置き，そこで待機して移動がスムーズにいくようにしました。

○時間配分・運営のコツ

Aさん：テストを受けていない生徒には何をさせたらよいでしょうか。先日，私も生徒を1人ずつ廊下に呼んでインタビューテストをしたのですが，待っている生徒が騒いでしまって…。

太田：待っている生徒たちには別メニューを考えましょう。例えば，生徒は私と1対1で音読テストを行い，残りの生徒はライティングの課題をする，などです。

阿野：易しい読み物を与えて読ませることもできますし，時には数名のグループでインタビューテストを行い，それを他の生徒たちが見て学ぶというスタイルを取ってもいいと思います。ALTがいれば，ALTにテストをしてもらって，教室では私たちが別の指導をすることもできますよ。

萩原：ALTと私で同時に2種類のテストをやったこともあります。ALTとのインタビューテストを終えた後，私のところに移動してリテリングをする，「1粒で2度おいしい」テストでした。

太田：私の十八番がうばわれてしまいましたね。

B君：そのフレーズは僕たちの世代にはよくわかりませんが…，つまり運営方法もいろいろあるってことですね。わかりました。あとは他クラスとの進度の問題がなんとかできればいいのですが。

阿野：テストの一環としての時間確保が難しいとしたら，日頃の授業中の言語活動の一部をパフォーマンス・テストにあててはどうでしょうか？　小テストのような形で，生徒にとっての身近な目標として行うということです。本来は学校全体で行うことが理想ですが，まずは自分のクラスでやってみて，それを他の先生と共有していくのはいかがですか？

萩原：私のおすすめは期末考査後にある授業でテストを行うことです。定期考査後は生徒の緊張感が緩みがちなので「消化試合」などと呼ぶ

先生もいるくらいですが，もったいないですね。定期考査の範囲をパフォーマンス・テスト化することで，生徒がもう一度違った角度から勉強してくれることが期待できますね。

Ａさん：準備時間はどう作りますか？　実はスキット作成でオリジナルの英文を作らせるのに予定より大幅に時間がかかり，発表会は盛り上がったのですが，教科書が遅れてしまったんです。

阿野：教科書を何十ページとこなしていくよりも，１つのスキットを自分で作り上げて発表する方が，ずっと英語力が伸びるものですよね。インプットだけではなく，アウトプットが必要なことは，第二言語習得理論からも言えることです。

萩原：さらに，パフォーマンス・テストをテストだけで終わらせるのではなく，学年単位で発表会にするなどという取り組みも考えられると思います。学年スピーチコンテスト，学年英語暗唱大会などのようにです。そうすることで単独ではなく学年全体の取り組みになりますし，生徒たちにも大きな刺激になるでしょう。

増渕：今日は話すことを中心に取り上げましたが，他の技能でもパフォーマンス・テストはできます。

阿野：日頃授業でしていることの成果を試すのがパフォーマンス・テストと考え，できるところから取り組んでいってくださいね。応援しています！

第20章

同僚とのチームワークと授業作り

○学年で行事を行うために

阿野：2学期も後半になりますが，授業での生徒たちの様子はどうですか？

Ｂ君：授業にいろいろな活動を取り入れてみて，生徒たちも英語を使おうという気持ちを持つようになってきました。そこで，生徒のモチベーションをさらに上げるために，学期末にはクラスを超えて，学年のスピーチコンテストを開きたいと思って，同じ学年で「コミュニケーション英語」を担当する先輩の先生に相談したんです。

阿野：それは素晴らしい提案ですね。その先生は賛成してくれましたか？

Ｂ君：それがだめだったんです。スピーチコンテストを開くとなると，授業でスピーチに向けた準備をしなければならなくなってしまい，その結果，教科書が終わらなくなる可能性があるから難しいと言われてしまいました。

太田：いきなり学年のスピーチコンテストが難しいなら，まずはＢ君の授業内で行ってみるのはどうでしょうか。「帯活動で行う」「グループで行い，代表の生徒がクラス全体で発表する」など，可能な範囲で行うのはどうでしょう。「使えた！」という気持ちにさせるのが目的ですよね。まず自分の授業で行い，その姿をビデオに撮っておいて，先輩の先生に見てもらうのも手かもしれません。

萩原：太田先生が言う通り，今年度は可能な形で行い，その上で来年度に向けて3月くらいから下準備を進めておくといいですよ。一緒に協力してくれそうな先生に声をかけてみるとか，年間指導計画の中に位置づけておくなどいろいろな「仕込み」の可能性が考えられますね。

増渕：一緒に組んでいる先生方との人間関係はとても大切です。あせらず，実施可能な方法を探ってみましょう。

B君：例えばどんな方法がありますか？

増渕：私が考えるのは，自分の提案を実施する上で，「他の先生が困ることは何だろう」「それを解決する方法はあるかな」という2点です。今回，周囲の先生方は「スピーチは準備の負担が大きい」と考えているようなので，「学年暗唱大会から始める（原稿を書く負担がない）」ことを提案してみてもいいかもしれません。また，「教科書を終わらせる」ことに対しては，「単元計画全体を示して，安心してもらう」といった対応が必要だとわかります。まずは，どんな点を工夫すれば学年全体で実施することができそうなのか相談することから始めてみましょう。

○評価を揃えるには

Aさん：私も似たような悩みがあるんです。学校で作ったCAN-DOリストに沿って評価するために，インタビューテストの実施について先輩の先生に相談したところ，全員の生徒にインタビューする時間は確保できないと言われました。英語科で作った共通の授業プランを使っているので，私だけが違うことをするのは難しいため，仕方なく，昼休みと放課後を使って生徒を1人ずつ呼んでインタビューテストを実施しました。

阿野：工夫をして時間確保をしたんですね。Aさんは大変だったと思いますが，生徒には動機づけになったと思いますよ。まず一歩ですね。

Aさん：でも，先輩の先生からは，できればやり方を揃えてほしいと言われたんです。

増渕：そうですね。評価方法を揃えたいという意見ももっともですし，インタビューテストの実施期間が長くなることで生徒が不公平感を持ったり，昼休みや放課後に活動する委員会や部活動に支障が出たり，といったことを考えると今の形で続けるのはデメリットの方が大きいのではと心配です。第19章でお話ししたように，面接は廊下でALTに担当してもらい，教室ではライティングなどの別課題に取り組ませるようなプランで，授業内実施を基本に再提案したいところです。

Aさん：わかりました。もう1ついいですか。前回の定期テストは私が

作ったのですが，リスニングの英文を ALT に協力してもらって作成
し，録音して実施しました。でも先輩の先生からは，教科書の英文か
ら出題しないと聞き取れない生徒が多く出てしまうと指摘されまし
た。今までは，教科書の英文をそのまま出題することが多かったそう
です。教科書をきちんと学習していれば聞き取れるように配慮したつ
もりだったので残念です。

阿野：その先生は，「教科書で教える」ではなく「教科書を教える」授
　　　業になっているかもしれませんね。初めて聞く英文を聞き取れるよう
　　　になってもらいたいというねらい，そして高校入試のリスニング対策
　　　も考えてのことだということを話し合う必要がありそうですね。

A さん：日本語で授業をしている先生もいて，生徒への英語のインプッ
　　　トは教科書英文の CD に限られてしまっていることもあるようです。

増渕：ALT と作るオリジナルのリスニングテスト，最高ですよ！　ぜ
　　　ひ続けてください。教科書本文を使った問題も Q&A や T or F など，
　　　難易度を調整しつつ，いくらでも作れますから，一部取り入れるとい
　　　いと思います。その上で，実力問題の部分を残すために ALT にもう
　　　ひとがんばりしてもらって，練習用のリスニング問題と解答用シート
　　　を作ってもらうといいですね。他の先生にも渡して，試験前に全クラ
　　　スで実施すれば，間違いなく生徒は真剣に取り組みます。そうして少
　　　しずつ幅を広げていくことで，他の先生にもリスニング指導の良さを
　　　感じてもらえたらと思います。

太田：試験に出題した英文は，教科書の本文をもとにどう作ったのかを
　　　A さんが同僚の先生に説明するといいですね。増渕先生が言ったよう
　　　に，授業でもオリジナルの問題を使ってもらい，その聞き取りが役に
　　　立つことをわかってもらうのも方法かもしれませんね。

○指導法の違いは

B 君：一緒に担当している先輩の先生は，文法訳読式の授業がベストと
　　　いう信念をお持ちで，文法の神様のように言われています。生徒から
　　　も，説明がわかりやすいと言われていて，僕も日本語でもしっかり教
　　　えないと受験で困ることになると指導してもらっています。テストに

も教科書本文の和訳や，文法問題集の問題がそのまま出るので，僕の担当クラスでも対応しなければなりません。

萩原：教科書本文の理解を図る方法にはさまざまなものがあります。和訳もそのうちの1つです。生徒たちが授業中に教科書本文を理解できていれば，テストでその部分を日本語に訳す問題が出題されたとしても正答できる可能性は高いと思います。生徒の不安感を除去するためには，教科書の和訳を他の先生の許可をもらってから配布しておけばいいでしょう。文法の問題集を授業中にすべて扱うことは不可能でしょうから，問題を絞って英語を使う練習をすればいいと思います。授業で答え合わせと解説をしたからといって，すべて身につくわけではありません。

太田：説明は大切ですが，インプットやアウトプットの機会を与え，説明したことが英語で理解したり表現したりする上で役に立つことがポイントです。和訳を使って英文を言ってみることや，文法の問題集の文をもとに自分のことを表現するなど，英語で終わる工夫をするのはどうでしょうか。

○生徒のレベルと教科書

B君：来年度使用する教科書を教科内の話し合いで決めた時のことです。今使っている教科書が，明らかに生徒のレベルよりも高く，それが原因で説明に時間が取られ，生徒が英語を身につけるところまで達していない状況なので，易しい教科書に変えたらどうかと提案しました。でも英語科主任の先生からは，大学受験に合格するためには，難しい教科書を使う必要があると説明があり，来年度も難しい教科書に決まってしまいました。私は，生徒のレベルにあった教科書でなければ力はつかないと思うので，とっても残念です。

太田：うーん，残念ですね。ですがこの場合，本文を短く，やさしくしたバージョンをALTと一緒に作り，それを導入で使うことが考えられますね。その際に学習してほしい語句は，その語句と一緒にパラフレーズしたものを載せると，意味を推測しやすくなるのでいいと思います。

20　同僚とのチームワークと授業作り　*135*

説明の時間を短縮するには…
①導入をやさしい英語でていねいに扱い,生徒の理解度を高めておく
↓
②生徒が読んで理解できそうな本文の内容はプリントで配布

難しい教科書では…
①教科書の簡易版やサマリーなどを使う
↓ 本文の一部だけを取り上げて音読など
②定着活動へ

萩原：私も過去に何回か同様の問題を抱えたことがあります。内容理解
　ができていない状態で定着活動を行っても実のあるものにはなりませ
　んし，内容理解が十分に進むように時間をかけると，定着活動を行う
　時間どころか，音読をする時間すら取れないことになってしまいます。
　そこで考えられるのは，説明の時間の短縮です。この場合，まずオー
　ラル・イントロダクションなどの導入をやさしい英語でていねいに扱
　い，生徒の理解度を高めておきます。そして，本文の内容について生
　徒が読んで理解できそうなものは，プリントで配っておき，教員が説
　明する部分をできるだけ少なくすることです。一方，難しい教科書は
　語数も多いので，教科書本文を何回も音読するのは時間がかかります
　し，生徒も飽きてしまうでしょう。そこで，太田先生が言われたよう
　に，やさしくしたバージョンや本文のサマリーなどを使ったり，一部
　だけを取り上げて音読から定着活動を図るようにしたりするといいで
　すよ。阿野先生，そういえば以前，生徒の英語力に合った教科書を使っ
　た方が英語力が伸びるというお話をされていましたよね。

阿野：自分の英語力よりも少しレベルが上のインプットが習得を促すと
　いう「i＋1」という考えはかなり以前から知られています。アウトプッ
　トでも，理解するのがやっとのレベルの英語を使って自分の言葉で表
　現するのは不可能に近いことです。やさしい基本的な英語をしっかり
　と使いこなせるようになる方が，その後で難しい英語に接する時にも
　大きな力になります。だから「コミュニケーション英語」などの高校

の科目では，生徒の英語力に合ったものを選べるようにさまざまなレベルの教科書が用意されているんですよ。

○授業準備の時間を確保したい

Aさん：私の現在のいちばんの悩みは，どのように授業準備の時間を確保するかです。学年主任の先生からは，新人の教員は気づいたらどんな仕事でも進んでやるようにと言われ，授業準備よりもまずは生徒指導や部活動をしっかりやってほしいと言われています。そこで職員室で雑務をやっていると，今度は英語科の先生から，そこまでやらなくていいから，授業準備に専念してほしいと言われてしまいます。両方の先生の目を気にしてしまい，どうしていいかわからなくて困っています。

太田：私の場合，授業準備は電車の中など移動時間のちょっとした時間を使っていました。でもそのおかげでよく乗り過ごしましたが…。

増渕：私の同僚の若い先生は，私が仕事を頼むと「いつまでにやればいいでしょうか」と期限を確認したり，「今，授業準備をしているので，明日の放課後でもかまいませんか」と自分の状況を説明してくれます。自分なりの手順をもって仕事をしていることが伝わってくるので，私も安心して頼めます。Aさんもあまり周りを気にせず，自分の中で優先順位をつけ，時間を区切って進めていってかまわないと思います。教師の仕事は果てしなく，いつ終わるとも言えません。今すぐ周りの期待に沿えなくても，かまわないのです。きつくなる前に自分と仕事を切り離して，ほっとする時間を取ることも忘れずに！

○チームとして

阿野：学校はチームで動いているので，それぞれの先生の熱い思いを大切にして，教員間の目指す方向を統一していけたらいいですね。

太田：チームなので，自分のやりたいことが全部行えるわけではないからつらいですね。でも，理想は捨てず，あきらめず，いい意味での妥協点を探して，まず理想に向かって第一歩，いや半歩進む道を探していくといいですね。

20　同僚とのチームワークと授業作り　*137*

第21章

どうする？　ライティングの指導

萩原：そろそろ2学期の期末テストが近づいてきましたね。おや，B君，何やら浮かない顔つきですね。どうしましたか。

B君：生徒が授業中に英語を使う機会は増えているのですが，テストとなるとなかなか英語を書けないんです。次のテストも頭が痛いのです。

萩原：それでは，今回は英語を書くということに焦点を絞りましょう。Aさん，口火を切ってくれますか。

○中学校入門期における文字指導

Aさん：はい。中学校の入門期の生徒に文字指導を行う時にはどういうことに気をつけたらいいでしょうか。ペンマンシップの練習はさせているのですが。

太田：小学校で文字をどこまでどう習ってきたかを知ることから始めるといいですね。そして次はもう一度繰り返すことです。第一段階は，アルファベットです。文字と音を一致させることをていねいに行いましょう。アルファベットの名前を聞いてその文字のカードが取れるように，例えば，アルファベットの /ei/ という音を聞いて A または a の文字を取るという活動，また，文字を見たら瞬時に名前が言えるようにする活動を大切にしましょう。アルファベットは1文字の段階から複数文字でも同じ活動をしましょう。

増渕：十分に文字の名前に慣れたら，次にbは /b/ と発音するなどの「文字と音のルール」を紹介し，入門期以降も継続して指導します。第5章で萩原先生が英語が苦手な高校生の指導で「few が読めない生徒には，既習語の new を示して読み方を考えさせる」と言っていました。このように文字指導では，自力で文字を音にしていく姿勢を育みたいですね。

阿野：小学校で慣れてきた音声を，中学の文字指導でもできる限り活か

したいですよね。発音できるようになっている単語や文を見て,「文字ではこう書くんだ!」と気づけるようにさせたいものです。そして文字の名前に加えて「音」に慣れさせていかないと,大きなつまずきの原因になりますからね。日本語では「あ」は「あ」と発音するのに対して,英語のアルファベットでは,文字の名前と音が異なるというところをおさえて指導したいですね。

○ 1 文を書かせるには

A さん:私が教えている生徒はテストで語順整序の問題の正答率が目立って低いのですが,生徒の語順感覚を育てるのに何かいい方法はありますか。

阿野:英語では,相手に伝えたい新情報が文の後ろに来るという文の構造に慣れさせることだと思います。英文を日本語に訳して理解していては,英語の語順を身につけることはできません。I like の後に,「さあ,何が好きかというと」という気持ちで,次に続く名詞を聞いたり話したりする練習が大切ですね。

増渕:例えば,下の例 1 や例 2 の並べ替えができる生徒でも,例 3 だと混乱してしまうかもしれませんね。私は,まず例 1 や例 2 のような英文全体の語順や意味のかたまり内の語順などを身につけてもらえたらと思い,基本的な音読や表現活動をたくさん行っています。

　　例 1:[the / kitchen / in](日本語略,以下同じ)
　　例 2:[my sister / dinner / is cooking].
　　例 3:[the / cooking / in / is / my sister / dinner] kitchen.

B 君:高校生も状況は同じです。やはり 5 文型を徹底的に使えるようにする必要があるのでしょうか。

阿野:5 文型の区別をするのではなく,使用場面を考えさせながら,I gave him〈何をあげたかというと〉some flowers. であり,I gave it〈誰にあげたかというと〉to Rie. という英語の語順に慣れさせたいですね。

萩原:高校では 5 文型が相変わらず重視されていますが,目的語や補語などの文法用語を出すと,混乱してしまう高校生は少なくありません。

私が最近有効だと思っているのが，京都大学の田地野 彰 先生が提唱されている「意味順」学習法です。「誰が／する（です）／誰・何／どこ／いつ」という意味順で語句を並べることで，自然に英語を言ったり書いたりできるようになります。私の経験では，英語が苦手な生徒に効果的です。中学生にも使えますよ。

B君：本当ですか。参考にしてみます！　もう１ついいですか。英語を書かせるとなると家庭学習が中心ということになると思いますが，授業内では何をどのように書かせるといいのでしょうか。英文１文を書かせる場合でも，生徒によってかかる時間に差がついてしまい，早く書き終えた生徒が退屈してしまうようです。

増渕：課題に段階をつけて選ばせるのはどうでしょうか。例えば，モデル文を参考に，①下線部を自分のことに置きかえて２文書く。②同様に３文以上書く。③自由に表現する，などです。下は教科書の「１年間の思い出」のモデル文と段階②を選んで宿泊体験学習のことを書いた生徒の作文です（下線増渕）。モデル文を使って，自分たちのことをどう表現できるか全員で考えた後，各自，自分の取り組みたい段階を選び，ライティングに取り組みました。中１でも楽しく進めることができました。

　モデル文：In August I went to Kennedy Space Center in Florida with my family. I saw a space shuttle there. I talked with an astronaut. I learned a lot about space. I had a very good time.
（*New Crown English Series 1*, Lesson 9 USE WRITE）

　生徒の作文：In January I went to Nozawa with my classmates. I saw beautiful snow there. I learned a lot about skiing. I had a very good time.

Aさん：私も授業内で言わせるだけでは定着しない気がするのです。そこが悩みなんです。

阿野：「言えるようになっていなければ書けない」ということもしっかりと考えて指導しないといけないですね。発音できないものを書くと

140

いうことは，私たちが，例えばロシア語など自分が知らない言葉を写してみれば，いかに効果がないことかがわかります。まずはしっかり授業で読めるようにしてあげましょう。その後で書く練習をするわけですが，すべて家庭学習にまかせていては，ますます生徒間の学力差がついてしまう恐れがあります。短い時間でも授業中に書く時間を作って指導し，その続きを家庭学習にするといいと思います。

○まとまりのある英文を書かせるには

B君：書かせる文を2文，3文と少しずつ長くして，まとまりのある英文を書く指導をしていきたいと考えていますが，実際にやらせてみると，各文につながりがなくバラバラな英文を書いてきます。

萩原：例えば，どのような英文ですか。

B君：I like tennis. / I like shopping. / I like AKB 48. などと書く生徒がいるのです。

Aさん：中学生にも同じような例がたくさん見られます。まとまりのある文章を書かせる場合，どのように指導すればいいのでしょうか。

太田：私は教科書の分析をすることをおすすめします。教科書は中1の早い段階からまとまりのある文章が本文に出ています。ある文の後にどのように文が付け足されているかを生徒たちに気づかせます。例えば，I like music. My favorite musician is Misia. I have some CDs. (*Columbus 21 English Course 1*, Small Goal 1) という例から，何が好きかを言った後，具体的な情報を付け加えるという流れを学ぶことができます。この後，自分のことを書く活動ができます。

阿野：それと，代名詞を使って前に出てきた名詞を言い換えたり，接続詞で文をつないでいったりすると，文と文のつながりが出てきますよね。

○書かせたものへのフィードバック，評価

Aさん：夏休みの課題で英文日記を書かせたり，この前は中学校2年生に "My Dream" というスピーチ原稿を書かせたりしたのですが，100枚をはるかに超える生徒作品が集まり，添削するのに膨大な時間がかかってしまいました。そのたびに，もうやるものかという気持ちになっ

てしまうのですが，生徒に英語を書かせた後にどのようにフィード
バックをしたらよいのでしょうか。

阿野：私のゼミの卒業生で今年から教壇に立っている新任の教員が，週
末のすべての時間をかけてやっと全員の作文の添削が終わったと嘆い
ていました。ときにはこのように直してあげることも大切ですが，全
部の間違いを直して返却するとそのままファイルに綴じてしまう生徒
も結構いると思います。これでは添削した先生も悲しいですよね。そ
こで，間違っているところに下線を引くだけにして，後は自分で間違
いを考えさせるということも必要かと思います。場合によっては動詞
の活用などの間違いであれば〈V〉，語順が違えば〈O〉などとヒント
だけを書いておいて，後は生徒自身で考えさせて書き直させるなどで
もいいと思います。

太田：私は内容についてフィードバックすることもおすすめします。私
たち教師はどうしても文法や語句のミスに関してのフィードバックの
みになりがちですが，生徒が書いた内容に関して，1人の読み手とし
てコメントをしたり，さらに質問をしたり，また自分のことを書いた
りすることも大切なフィードバックです。

B君：なるほど。そのような方法であれば指導を継続できそうです。テ
ストではどうですか。ライティング力を測るために，まとまった英語
の文章を書かせる問題を定期テストに出題した場合，どういうふうに
すると公平に採点できるでしょうか。

阿野：採点基準ですが，全体の構成ができているか，求められている内
容が書けているかなどに配点を高くして評価するといいと思います。
私が高校生の時など大昔（？）は，減点法などというものがあって，

生徒に書かせた後のフィードバックには…

例1 間違いに下線を引き，後は自分で間違いを考えさせる
（動詞の間違い〈V〉，語順〈O〉などヒントを書いておく）

例2 内容についてフィードバックし，読み手としてのコメントや質問をする

文を書けば書くほど点数が低くなるというとんでもない採点方法でしたが，これでは生徒の書く意欲を減退させてしまいます。まとまった英文を書く目的は何かを生徒に示して，それに合った採点方法を取る必要がありますよね。

Ａさん：その関連で，高校入試のライティング対策はどのようにしたらいいでしょうか。

太田：私は日頃の授業から，文法・語句と教科書本文で習ったことをもとに自分のことを書く活動を手軽に行うことがいちばんだと思います。書くことに慣れる生徒を作ることが大切ですね。

○読み手を意識する

Ｂ君：教科書の1つのレッスンやユニットが終わった後に取り入れるスピーキング，ライティング活動にはどんなものがありますか。第19章ではリテリングについて教えていただきましたが，もう少しバリエーションを増やしたいと思います。

阿野：レッスン全体のサマリーを作ったり，レッスンの題材について自分の意見をまとめたりすることなら，教科書で学んだ語彙なども使えるので，取り組みやすい活動かと思います。これらは，スピーキングでもライティングでもできますよね。

　もうひとつ，生徒に読み手を意識して書かせることも大切なポイントです。せっかく書いて提出しても，先生が読んで評価するだけのライティングではさびしいですよね。クラスメートに自分の考えを知ってもらうために書く英文や，ALTに日本のことや地域の情報を教えるために書く英文などのように読者を設定して書かせ，実際にその人が読んでフィードバックを行うというコミュニケーションの場面も作りたいものです。

Ｂ君：なるほど。英語を書くと言ってもその範囲は幅広く，奥が深いのですね。

萩原：そう，そしてとても楽しい活動です。私は生徒が書く英語を読むのが大好きです。個性が出ますし，生徒の思わぬ一面も知ることができますからね。

第22章

教師の時間の使い方，家庭学習のさせ方

○どうやって時間をうまく使ったらいい？

Aさん：今日は授業以外の時間の使い方について知りたいです。どのように授業準備の時間をとるか，テストを作るか，生徒と1対1で話すかなど，忙しい中うまくやっていく自信がありません。

B君：僕もそうです。とにかく時間に追われる毎日で…。

太田：教師はますます多忙になっていますね。その点では阿野先生も大学以外に研修会，ラジオ講座やテレビ講座の仕事をこなしていたので時間がないことにかけては負けていないですね。

阿野：そうですね。この点で勝っても嬉しくないのですが…。さて，私の場合を話しますね。空き時間に授業準備やそのほかの校務をある程度の余裕をもって進められたのは高校の教員の時でしたが，その後，中学，大学へと移ってますます時間に追われる生活になってしまいました。

　　　生徒と過ごす時間，つまり授業や部活動，そして1人ひとりの生徒と話をする時間は最優先で，この時間が私たちに元気も与えてくれるので大切にしなければなりませんよね。それ以外は，やはり優先順位をつけていかないと難しいのではないでしょうか？

　　　私はいつも手帳に to do リストを書いた紙を挟んでいますが，やらなければならない期日と時間を書き込んでおいて，終わったらラインを引いて消していくようにしています。仕事が1つずつ終わっていくのは嬉しいですよ。でも次々に増えてきてしまう現実はありますが…。

Aさん：太田先生は，優先順位をどうやってつけていますか？

太田：私は相手がいる仕事がまず優先事項でした。中学校教員だった時は，生徒とか同僚の先生とのチームで行う仕事ですね。授業の準備は，私は細切れの時間で行いました。いつもポケットにメモ帳を入れておき，授業略案を書いていました。

144

阿野：そういえば太田先生は居酒屋の箸袋の裏にも書いたと言っていま
　　　したね。

太田：そうですね。あとは駅のホームや電車の中がいちばん集中して時
　　　間を使えました。時々集中しすぎて乗り過ごしましたが…。

萩原：私は別の視点からお話ししますね。以前にもお話ししましたが，
　　　長期休業中に次の学期に使う単語シートなど，定型化したプリントを
　　　まとめて作っておくと，授業準備の時間がかなり短縮できますよ。中
　　　長期的な視点を持つと自分が楽になります。

B君：中長期的視点ですか…，僕は日々で精いっぱいで…。

Aさん：私も先々を考えて時間を使うのはまだ難しいですが，定型化し
　　　たプリントの作成はやってみます。確かに定型化すると，作成時間は
　　　かなり短縮できますね。

太田：そうですね。また生徒にとっても，いい意味での定型化はやるこ
　　　とがわかり，活動自体がスムーズになる効果も期待できますね。

B君：まず勤務校の先生方の定型プリントを見せていただき，参考にし
　　　たいと思います。

増渕：そうですね。そして，生徒に合わせて試行錯誤して，自分なりの
　　　ものを作るといいですね。

○授業のアイディアがわくコツは？

Aさん：時間がない中で，授業のアイディアはどのようにわいてくる
　　　のですか。先生方の秘訣を教えていただけますか。

増渕：いい質問ですね。本を読んだり，研究会に出たり，私も毎回苦労
　　　しますが，いちばん楽しい時間でもあります。私の秘訣は生徒の気持
　　　ちになって英語を言ってみることです。例えば教科書本文をまず自分
　　　でリテリングしてみると，生徒にとってどの語彙が難しかったり，イ
　　　メージがわきにくかったりするかが予想できるので，それを解決する
　　　ことを目指して，オーラル・イントロダクションや映像を用意します。
　　　意外と犬の散歩中などの隙間時間にアイディアが閃くことが多いで
　　　す。

太田：今教えている特定の生徒を思い描き，その生徒だったらどうリテ

22　教師の時間の使い方，家庭学習のさせ方　*145*

リングするだろう，どうアウトプットするだろうか，どこでつまずく
か，どんなミスをするか，と考えてみることはとても大切ですね。そ
うすると，どんなサポートが必要かわかり，これが授業作りのアイディ
アにつながりますね。

阿野：私の場合には，中高の教員をしていた時も，そして今でも「思い
ついた時にメモ」，これが基本ですね。特に，授業で行う活動について，
いちばんアイディアが浮かぶのは電車での移動中です。座っていれば
科目ごとのノートに指導手順を書いてしまいますし，立っている時に
はメモ用の小さなノートにポイントだけを走り書きをしておいて，あ
とで時間がある時にまとめます。

Aさん：阿野先生も太田先生のように乗り過ごすのですか？

阿野：太田先生とは違って乗り過ごすことは少ないですが，去年，急い
で電車を降りて網棚に教材一式を忘れました。あとは毎月の『英語教
育』や新しく購入した本を電車での移動中に読むことが多いです。「こ
れは使える！」というところは，ポイントをノートに書き出したり，
そのページに付箋紙を貼っておきます。学校に到着したらすぐにコ
ピーをして授業ノートに挟んでおいたりするととっても便利ですよ。
ただ紙にメモをしてノートに挟んでおくだけだとなくしやすいので，
ノートに書いておくことが，効率的だと思います。

萩原：とてつもなく忙しい毎日ですが，その中で体だけでなく心も，学
校や授業から解放される時間が絶対に必要です。「自分だけの時間」
を持つことで，心に余裕が生まれ，授業への活力が得られますよ。私
は，カフェで過ごす時間を大切にしています。ぼーっとしたり，好き
な本を読んだり，音楽や英語を聞いたりして自分をリセットするよう
にしています。ここでふっとアイディアが浮かんだり，そういえば前
任校であんなことをやったなあ，と思い出したりすることが多いので
す。

太田：そうですね。さあ，考えるぞ，と思ってもなかなか出てきません
が，ちょっとした時間でいつも考えておくと，ある時浮かぶことがあ
ります。そのためにも私のポケットにはメモ帳があります。時々は，
居酒屋の箸袋ですが…。

Ａさん：ちょっとした時間でも有効活用ですね。先生方の例を参考に私
も考えてみます。

○家庭学習のチェックはいつどのように？

Ａさん：家庭学習の処理方法を聞かせていただけますか。出させたのは
いいけれど，山積みの提出物が…！　一方出さない生徒もいるし…と
いう状況になってしまいます。

増渕：提出物を出させたら，すぐ点検して返却してあげたいですよね。
どんなものをいつ集めていますか。

Ａさん：テスト当日，ノートとワークブックを集めましたが，テストの
採点もあり大変でした。

増渕：英語のテストはライティングの採点など，時間がかかりますから，
工夫が必要ですね。私はテスト返却の日に集めています。すぐ点検に
とりかかれますよ。

Ａさん：試験後の回収だと生徒が試験勉強しないのではと心配です。

増渕：家庭学習を促すことが目的なら，試験前に集めてもいいでしょう。
試験直前の１コマを提出日にして，生徒に別の課題をさせながら，１
人ずつ教卓のところに来させて生徒と一緒に提出物をチェックしてい
る先生もいます。私は宿題の点検は毎回の授業で行います。良いもの
を紹介したり，出さない生徒に声をかけたり，その場ですぐフィード
バックしてあげられます。そして，試験後は確認のため集めているん
です。

Ａさん：なるほど，日頃から少しずつ見て，その場で生徒にフィードバッ
クするのは思いつきませんでした。

萩原：生徒たちはあまり家庭学習の習慣がないので，音読や単語を書く
練習などやるべき内容を明示して，家庭学習ノートにやるように指導
しています。定期テスト前後に集めると点検が大変になることと，日
常的に取り組まない生徒が多くいるので，今年度は授業のたびごとに
２列分の生徒に提出をしてもらっています。生徒にとっては週に１回
提出があることになります。こうすると，点検するノートの数が約３
分の１になるので，負担には感じなくなりました。ノートには激励の

コメントを書くことが多いですね。

B君：全員の生徒が週に1回家庭学習ノートを提出するのですか。

萩原：提出しない生徒もかなりいます。100%を追い求めていると自分が苦しくなるので，やらないよりはいいだろう，という気楽なスタンスで臨んでいます。出してくれる生徒は間違いなく少しずつ力を伸ばしてくれるはずなので，出していない生徒への波及効果を重視しています。

B君：目からウロコです。がんばっている生徒の例をクラス全体に紹介するなどもできますね。

○家庭学習と授業の関連はどうしたらいい？

Aさん：ただ…中学ではやはり全員に宿題をさせたいです。授業をどう家庭学習につなげたらいいでしょうか。

阿野：家庭学習は，授業でできるようになったことを繰り返したり，授業で身につけたことを自分なりに発展させて考えたりするための時間と考えることが大切だと思います。教科書本文なら，自力で音読できるようにしてから家庭での音読を促すようにしましょう。「授業時間が足りないから音読は宿題で」という話を聞くことがありますが，授業中に読めるようになっていなければ，家庭で読む生徒は限られてしまうはずです。ワークシートでの文法の練習問題なども，授業で解けるようにしてから，家でさらに多くの問題に取り組ませるようにしなければなりませんよね。

萩原：阿野先生の言われることはとても大切ですね。授業で少しでもやってみて，生徒がこの方法はためになる，と思えば家庭でもやってくれる可能性が増えます。一旦黙読した教科書から目を離して音読するリード＆ルックアップは授業でやってみて役に立つと思ったので，家でもやっています，などという生徒の声を聞くと嬉しいですね。

太田：家庭学習で行った成果を授業で見る，という逆の流れもありますね。音読練習を家庭で行って，それを次の時間の最初に確認するのもいいですね。

B君：なるほど。授業と家庭学習の関連を考えるといいのですね。でも，

> # 家庭学習のチェックはこうする！
> ## 例1 宿題の点検は毎回の授業で
> → 良い作品紹介など、その場でフィードバック
> ## 例2 家庭学習ノートは毎回2列分の生徒に提出させる
> → 生徒は週1回の提出になり、教師は点検する数が1/3に

英語力にかなり開きがある場合はどうしたらいいでしょうか。

阿野：英語が得意な生徒でも基本をおさえることは大切ですよね。生徒みんなに身につけてもらいたいことは全員への宿題として出しましょう。もちろん生徒によってかかる時間が違うのは当然。これも家庭学習なら個人のペースで学習できるのでクリアできますよね。そして、得意な生徒にチャレンジしてもらいたいことも、発展課題として生徒に示しておくといいでしょう。例えば、全員の生徒には教科書本文の音読練習を課しますが、中にはシャドーイングができることを目指す生徒がいたり、さらには日本語訳を見て英文を言えるようにしてくる生徒もいたりするという状況です。

萩原：単語を書く練習でも、全部で30個あったとしたら、全部やる生徒もいれば、10個ずつという生徒もいます。それぞれの生徒には、部活動やアルバイト、塾、家庭状況などさまざまな背景があるので、自分でできる範囲でいいと言っています。私の高校では全員の生徒に教科書のCDを渡してあるので、オーバーラッピングやディクテーションに挑戦している上位層の生徒もいます。近いうちに、いい家庭学習ノートを作っている生徒のノートを本人の許可を得た上で、他の生徒に紹介して刺激を与えようかと思っているところです。

B君：ちょっとした工夫でいろいろなレベルの生徒に合わせることができるのですね。

Coffee Break 3
英語教師になってよかったと思えたとき

[阿野] 生徒の言葉から元気をもらえます！

　生徒のちょっとしたひと言から元気をもらえることってありますよね。中高で教えていたときには，次のような生徒の言葉に元気をもらっていました。「先生，英語の授業が楽しみです」「英語，大好きです」「大学に行って英語の勉強を続けます」「留学をして英語に磨きをかけたいです」。また次の授業もがんばろうって思いますよね。

　その後，NHK ラジオ「基礎英語」を担当していた 8 年間にも，本当にたくさんのお便りをいただきました。「英語が聞き取れるようになってきました」「学校のテストで満点を取りました」「英検○級に合格しました」。放送の仕事は本当に大変でしたが，こうしたリスナーの方からのひと言で，大変だという気持ちは一気に吹き飛んでしまいました。

　現在は大学で英語教職課程を担当しているため，先生になった教え子から連絡が入ります。「英語嫌いだった生徒が，英語が楽しくなったって言ってくれたんです」。間接的ですが，とっても感激する瞬間です。

[太田] 私を超える教え子たちを見るとき

　「君たちは 21 世紀を生きる人です。君たちが大人になったときには，日本人は英語ができないなんて，言わせないようにしてください。私の英語のレベルを超えた人になってください」――私が中学校の教師だった時によく生徒たちに話したことの 1 つです。

　大人になった教え子と会う機会がありました。その時に，見事な英語を使って話す姿を見たとき，とても嬉しくなりました。「私を超えたね！」と思わずその教え子に言いました。

　英語を身につけたことで，私の世界は大きく広がりました。教え子たちが英語を身につけ世界を広げ，成長した姿を見るとき，「英語教師になってよかったなあ」と思います。

［萩原］ 生徒と一緒に授業を作ることができたとき

　生徒と一緒に授業を作っていることを感じられた瞬間です。授業では，教師からの一方通行 (one-way street) ではなく，two-way street，つまり interactive な瞬間がとても楽しいと感じます。

　長年の教師生活の中では，生徒が授業に乗ってこないと感じることが実に多くありました。そんな中でこちらと生徒の波長が合って，一緒に授業を作りあげているなという瞬間がたまに訪れます。また，生徒の発表活動では，選択講座の「英会話」の授業をとっていた生徒たちと 9 月の文化祭をめざして，4 回も英語劇を作りあげられたことが一番の思い出です。大学受験を控えた高校 3 年生たちが放課後や休日に学校に集まって練習に励み，体育館で 1 つの劇を演じきったときは本当に嬉しかったです。これはスピーチやレシテーションなどの発表活動では決して得られない創造的な活動でした。

［増渕］ 毎日が宝もの

　私は嬉しがりやなので，ほんの小さな成果で，いつもそう感じています。時間をかけて一生懸命考えた導入が上手くいき，生徒の目がキラキラ輝いて，なんだかんだと言ってきたときのあの感じ。廊下で行き会った生徒に，"Please watch our soccer game." なーんて言われ，うっかり仕事を忘れて約束してしまいそうになったとき。生徒に聞いた美味しいカレー屋さんでお昼を買ったのに，持ち帰る途中で落としてしまったときだって，悲しいよりも small talk のタネができたとホクホク。

　特に心に残るのは，普段は控えめな K さんの卒業スピーチでした。海外との文通を仲介してくれた青年海外協力隊の T さんのことを話し，「夢は海外でボランティア活動をすること」と堂々と述べる姿に思わず涙が。ああ，英語教師でよかった！

Coffee Break 3　*151*

第23章
少人数授業の工夫

Aさん，B君：先生方，今日は少人数授業のポイントを教えてもらえますか。

太田：もちろんですよ。どうしましたか。

Aさん：来年度から全学年で2クラス3展開の少人数授業が始まるんです。それで今度，プランを持ち寄って教科部会をすることになりました。私も担当学年のプランをまかされたので，生徒たちのためにいいものを作りたいんです。

B君：僕は習熟度別少人数授業をしていますが，うまくいっていないと感じることが多くて…。

太田：なるほど。ぜひ一緒に考えていきましょう。

○少人数授業の良さを生かすには

増渕：さて，少人数授業のプラン作りでは，その良さを生かすことをまず考えたいですね。

B君：人数が少ないことを活かす…。うーん。正直あまり考えたことがなかったです。

阿野：教師の説明が中心の授業を行ってしまっては，単に教室にいる生徒の数が減ったというだけで，少人数のメリットを活かせませんよ。

太田：30人以上いるクラスではできないことをする，という視点で授業を考えるといいですね。

Aさん：具体的にはどんなことでしょうか。

太田：モニター，つまり個の学びを見る授業をすることがいちばん大切だと思います。人数が少ないので，1人ひとりに発言の機会を与えることができます。生徒の発言から，その生徒の英語力が今どの段階にあるのかわかります。また活動の様子から学びを見ることで，1人ひとりにあった対処のしかた，例えばフィードバックの与え方なども工

夫することができます。

B君：フィードバックも変わってくるんですね。

阿野：少人数授業では生徒1人ひとりの活動の状況をつかむことができ
　　　ますから，個別にフィードバックを与えたり，共通の誤りを見つけて
　　　クラス全体にフィードバックをしたりしやすいですよね。

B君：そうですね！　人数が少なければ活動の切り替えもスムーズにで
　　　きるので，必要なフィードバックが適切なタイミングでできますね。

阿野：授業中の生徒の発話をとらえるだけではなく，ライティングでの
　　　フィードバックもしやすくなります。私が高校で教えていた時には，
　　　生徒の活動量を確保しなければならない授業，つまりディベートやプ
　　　レゼンテーションを中心とする高校3年生のクラスで少人数のクラス
　　　編成をしていました。現在の「英語表現II」にあたる授業です。

○目標と評価を共有する

増渕：少人数授業のイメージができたら，次はその視点で今の年間計画
　　　を見直し，来年度の目標と評価プランを作りましょう。振り返り方は
　　　以前（第12章）に扱いましたが，大丈夫ですか。

Aさん：はい。生徒たちが今年度「英語を使って何ができるようになっ
　　　たか」を振り返る，次に来年度の授業で「英語を使って何ができるよ
　　　うになってほしいか」をスキル別に文にする，という方法でやってい
　　　こうと思います。

太田：いいですね。そして，その来年度の目標を授業計画に組み込んで
　　　いく際に，少人数の良さを活かすことを考えます。例えば，今まで
　　　チャットは生徒がうるさくなるから難しいとあきらめていたけれど，
　　　少人数ならモニターやフィードバックがしやすいので挑戦してみよう
　　　とか，発表活動はクラス全体で共有したいので，少人数でじっくり準
　　　備をさせたものを通常クラスに戻して発表させるなど，内容や形態も
　　　さまざまに広がります。

Aさん：本当ですね。なんだか楽しみになってきました。

増渕：ただ，一緒に組む先生方が納得し，共有できるプランでないとう
　　　まく機能しません。

B君：そこなんです。そこが，僕がいつもうまくいっていないと感じる
　　　ところです。

萩原：私も個人的にはこの部分が自分の授業にもっとも影響を与えてい
　　　ると感じています。少人数授業を採用している学校では「共通進度」「共
　　　通テスト」になることが多いです。授業でリテリングやサマリー・ラ
　　　イティングなどの活動を取り入れたいのですが，他のクラスより授業
　　　進度が遅れると，カットする部分はここになります。共通テストでは，
　　　まとまった英語を書く問題を取り入れることは採点に時間がかかるな
　　　どの理由で反対があり，事実上できなくなっています。つまり，授業
　　　でやっていることとテストで評価することにズレが生まれ，一体化し
　　　ていないのです。

B君：日頃，萩原先生が研究会などで言っていることと現実が異なって
　　　いるということですか。

萩原：そうなんです。歯がゆい思いをすることが多いのですが，数年間
　　　のテストのデータを取ってみると，「普通の」テスト問題が出題され
　　　ても，活動を多く取り入れた私のクラスの方が成績がいいことがわ
　　　かってきて，少人数クラスでも自分の授業スタイルは崩さないように
　　　しています。

B君：何か手立てはないものでしょうか。

阿野：学年としてのCAN-DOリストがあれば，テストは共通にして，
　　　達成度を共通尺度で評価することになると思います。

B君：テストは共通にして？？？　すみません，よくわかりません。

萩原：今，阿野先生が言ったのは，さっき話した「共通テスト」ではな
　　　く，生徒の実態に即した目標に対し，それが達成できたかを評価する
　　　ために学年全体で取り組む評価方法のことです。筆記試験だけでなく，
　　　パフォーマンステストも入ります。

Aさん：以前に相談したインタビューテストのようなものでしょうか。

増渕：そうです。Aさんは学校のCAN-DOリストに沿って評価するた
　　　めにインタビューテストを提案したけれど，他の先生の賛同が得られ
　　　なかったと話していましたね。CAN-DOリストも，評価規準も，作っ
　　　ただけでは意味がありません。

阿野：目標となっている項目がどのくらいできるようになっているかを確認するのが評価ですよね。少人数授業を行うメリットは，それぞれの生徒に合った足場をかけるなど，1人ひとりの生徒を目標に近づけるために，指導方法で工夫できることです。

Aさん：足場って，何ですか？

増渕：建築現場の足場のように，生徒が1人でできないところを支えてくれる教師や周囲の支援のことです。

B君：「モニター」「フィードバック」「足場かけ」ですね。なんだかすごくやる気がわいてきました。1つの評価規準で単に生徒を「できる」「できない」に振り分けるのではなく，個々の生徒を励まし，伸ばす指導や評価の方法を考えます！

○効果的な運用方法について

Aさん：運用方法についても教えてもらえますか。教科部会では，教員が教える少人数クラスを固定するか，順繰りにローテーションして受け持つかについても話し合うことになっています。

太田：ローテーションはした方がいいと思います。固定してしまうと自分の担任のクラスの生徒を教えられないということになってしまいますよね。

阿野：私もローテーションは必要だと思います。ただし，頻繁に担当を変えてしまうと目標に向けた指導が難しくなるので，ある一定期間は同じ教員が同じ生徒を教えることは必要だと思います。

萩原：教える内容を分けて受け持つ方法もあります。ある中学校では，教科書担当，文法担当，長文担当の3人で分担して，ローテーションする方式をとっているそうです。

B君：やっぱりローテーションはした方がいいんですね。

増渕：そうでもありません。私が経験した中で，いちばん生徒の力が伸

びたのが，ローテーションしない方式でした。ローテーションして教え方が変わることで，どうしてもロスが生じるのだと思います。それでも担任するクラスを全員教えたいと思えばローテーションするしかありません。ローテーション後に新しい少人数クラスの生徒と人間関係を作ったり，ルールを確認したりする時間を取って，ていねいに進めていくといいでしょう。

Ａさん：授業準備や打ち合わせのコツはありますか。

太田：打ち合わせができるのが理想的だと思いますが，実際はなかなか難しいですよね。そこで，年度初めに目的・到達目標とそれを達成するための授業方針を全員で話し合い，その後，日頃の授業では，その学年の主担当の先生がプランを作るといいと思います。

阿野：学校としての CAN-DO リストができていれば，それが共通の目標になるので，どのようにその目標を達成するかの指導方法を話し合うといいと思います。ただ，それぞれの先生方の特徴も活かせるように，ある程度の余裕を持ったプランも必要かと思います。

萩原：確かに雑務もたくさん抱えている中で，打ち合わせをもつことはきわめて難しいというのが現状です。高校では進度を合わせることが求められますが，共通プリントを使うことは多くありません。私は他の担当者にプリントを配布するようにしていますが。

太田：一度作った教材を共有フォルダーに入れておくと，翌年度以降にそれを利用できるというメリットがあります。私の知っている英語科では，デジタルデータ，特に絵や写真などを共有しています。少人数制の良さは，こうした教員間の情報共有が進むことにもありますね。

○習熟度別か単純分割か

Ａさん：クラスの分け方は，習熟度別と出席番号などによる単純分割，どちらがいいですか。

太田：私はお互いに学び合うためには，単純にクラスを少人数に分割するのがいいと思います。

阿野：どちらにもメリットはあると思います。生徒同士の学び合いを深めるならば，単純分割がいいと思います。習熟度別は，生徒の到達度

にあった指導方法や手順を取ることができるのですが，生徒のやる気を下げないようにすることに配慮しなければなりません。私が中学校で教えていた時には，学年の初めは単純分割でスタートし，差が出てくる年度途中から習熟度別を取り入れました。活動の繰り返しを多く行う「どんどんコース」は 25 名，ゆっくりと学ぶ「じっくりコース」は 15 名とし，生徒の希望を取って調整して分けました。到達目標や試験問題は同じですが，指導方法を変えていました。

萩原：習熟度別クラスにして良かったという経験は個人的にはあまりありません。私の高校では，学期ごとに定期テストの成績で習熟度クラスのメンバーが入れ替わるので，クラスが替わった生徒のために学期初めには各活動のねらいややり方を説明したり，家庭学習のしかたを授業で示したりする必要があり，授業を落ち着いて行えるまで時間がかかります。また，習熟度が低いクラスでは英語が得意な生徒がまずいないので，生徒同士の教え合いが成立しにくくなります。このため，クラス内がよどんだ雰囲気になり，学習規律の問題が発生しやすいと感じています。

　2 クラス 3 展開だと，出張や年休の際も時間割変更がほぼ不可能で自習対応になります。また，中学校の先生からはピクチャーカードなどの教具を 3 セット購入してもらえず，教具が不足して授業展開に大きな支障があるという声も聞きます。ということで，私の結論は，1クラスを単純に 2 分割する方法です。

阿野：習熟度別クラス編成と少人数授業をどうしても一緒に考えがちですが，ねらいはそれぞれ違うので，教員の定数加配によってクラスの分割が可能になった時には，どちらを取るかをしっかりと話し合う必要があると思います。

A さん：ありがとうございました。少人数の良さを活かしたプランを考えます。

B 君：うまくいかないことも多い一方で，できることもたくさんあることがわかりました。あきらめずにできるところからやっていきます。

増渕：今日のキーワードは，共有・話し合う，でしたね。でも，現実には難しいことも多いと思います。無理は禁物。少しずつですよ！

23　少人数授業の工夫　157

第24章

ライブ！　お悩み相談

○先輩の先生との接し方は

阿野：最後の章はあらためて3名の新人・若手の先生方に現在の悩みをうかがいます。まずは中学校教師のCさんはどうですか？

Cさん：この前，定期テストの時にちょっと事件が発生して…。テスト問題の作成と印刷をまかされて私1人でやったところ，ページ数を間違えてしまったんです。事前に他の先生方に点検をお願いしてあったのですが，ご協力いただけなくて…。管理職の先生と学年主任の先生から注意を受けてしまってショックでした。

萩原：それは大変でしたね，あまり気を落とさないで。学年はどのように担当しているのですか？

Cさん：私が学年の主担当で，他学年から2名，少人数指導の先生が入っています。

増渕：テスト問題作成を学年担当が単独で行うこと自体はよくあります。それでも，相談してもあとから指摘されるような任され方は辛いですね。

Cさん：先生によっておっしゃることが違うのも，どうしたらいいか迷ってしまいます。「新人は朝早く来て机の上を拭いたり，お茶を淹れたりするものだ」という方もいらっしゃれば，「英語なのだから，もっと授業準備をしなさい」という方もいて。

阿野：全部を聞いているとパニックになってしまいます。そんなに気にしすぎなくていいんですよ。

太田：来年度は最初の教科部会でテストの分担も話し合うなどすれば，少しは改善してきますよ。

Cさん：第20章でのアドバイスを参考に，何か頼まれた時に，「今はこの仕事をしたい」ということがあればちゃんと伝えるようにしました。そうしたら少しは余裕が出てきた気がします。

増渕：それはよかった！　私の場合は「もう増渕さんならしょうがない
　　や」と言ってあきらめてもらう作戦をとっていたんです（笑）。元々
　　私もすごく気にするたちで，生徒に何か注意しても家に帰ってあんな
　　言い方しなければよかった，と思ったり。でも，ラーニングスタイル
　　がそれぞれあるように，対人関係でも自分は自分で，それ以上のもの
　　にはなれないものですね。気持ちを切り替えることも必要ですよ。
阿野：学校って，いろんな先生がいるから面白いんですよ。生徒もいろ
　　んな子がいるので，自分はこの先生の方が相談しやすい，ということ
　　もあります。チームとして仕事をする時にも，いろいろな先生がいて
　　当たり前と考えたいですね。
萩原：周りの先生方も余裕がないようですが，学校自体少し落ち着かな
　　い雰囲気なのでしょうか。
Ｃさん：少し授業が成立しにくい学年もあります。
萩原：私もそういう学校にいた時は生徒指導に振り回されて余裕がな
　　く，授業どころではありませんでした。精神的に追い込まれることも
　　ありますが，まじめにやろうとしている生徒は一定程度います。そう
　　した生徒たちのためにも，きちんと授業準備をして，生徒と関わりな
　　がら授業を作っていこうとすることがとても大切だと思います。そう
　　いう姿勢を見てくれている生徒はいるはずです。
増渕：私のアドバイスは，がんばらないことです（笑）。学校にはいろ
　　いろな先生がいて，１人ひとりそれぞれ違うんですよね。その人の良
　　さが出た時に子どもたちはなついてきます。
Ｃさん：担当教員がローテーションで替わる時に私がいい，と言ってく
　　れる生徒がどのクラスにもいるんです。それがすごく励みになります。
増渕：それなら，その子たちに力をつけるということをまず考えましょ
　　う。生徒が英語を好きになるように，というのは教員になった時の願
　　いでしょうから，それを見失わないでいたいですね。

○理想の授業と求められる授業のギャップ
太田：高校教師のＤさんが気になっているのはどんなことですか？
Ｄさん：うちの高校では，管理職の先生が若手教員の授業を年に２回ほ

24　ライブ！　お悩み相談　*159*

ど見てくださいます。「コミュニケーション英語」の授業で，自分が力を入れているオーラル・イントロダクションを取り入れた授業を行ったら，生徒からの評判は良かったのですが，管理職の先生からは「生徒はそれで力がつくの？」という感じで言われて悩みました。

　次に語法を中心に扱う学校設定科目を見てもらった時に，プリントなどを作って，説明中心の授業を行ったら，今度はすごく評価が高かったんです（笑）。自分の理想の授業と求められている授業のギャップを感じてしまって…。

阿野：その科目は何人で担当しているんですか？

Ｄさん：38人ずつのクラスで，担当は2人です。テキストは文法の問題集を使っていて，大学の一般受験のための科目なのですが，正直何をさせたらいいか迷っています。

萩原：高校の文法指導では，今でもひたすら解説をして問題演習をする授業が多いですね。

阿野：私は英語科教育法の授業で，あえて文法シラバスの「英語表現Ⅰ」の教科書を使った模擬授業を学生に課したんです。書いてあることを説明するのではなくて，どうやれば生徒たちが文法を使えるようになるかを学生たちに議論させました。例えば，場面を提示して，そこにある文法事項を使って生徒が自分で表現する活動を一定時間設けるなどです。「英語表現Ⅰ」でも，中学校の教科書で文法を扱ってきたようなバランスで扱えば，理解を深め，使うことにつながるはずですから。

萩原：私の学校では，同じテキストを4名で扱っていて定期テスト問題は共通です。コミュニカティブな授業にすると，説明中心の授業と比べて授業で扱っていない細かい点がテストで出題されることもあります。説明をした方が生徒の成績向上につながるとも言えないのですが。

阿野：説明したんだから，使えるようになるはず，という考え方だと生徒の力が伸びるかどうかは生徒任せとなりがちですね。

増渕：例えば，4人グループで問題を解かせて，最後にその項目を使った文を作って終わるなどはどうでしょう。私は子どもたちのレベルよりも高いものを扱う時は，4人組で教え合う形をとります。その中に

リーダーを入れておくと，その子が私の代わりに他の子たちに教えてくれるようになって，作業効率も良くなるんです。難しいかもしれませんが，協同学習の形態も有効ですよ。

太田：Dさんがその科目で扱っている文法というのは，初出ではなくて復習なんですよね？

Dさん：話法など初めてのものもありますが，ほとんどは復習です。

太田：初出でないのなら，それを使ってアウトプットの活動をさせることもできますね。例えば，動名詞なら動名詞を使わざるを得ないようなアウトプット活動をさせる。最初に言わせて，それから書かせるようにすると，生徒は自分が言いたかったことと言えないことのギャップを感じます。そこで，正しく言うためにはこの知識が必要だよ，といってテキストに戻らせる。文法というのはそういう時の方が学ぶわけだし，活動も取り入れられます。

Dさん：有益なアイディアをありがとうございます。一緒に担当している先生と相談して工夫してみます。

○実業高校での悩み

萩原：E君は工業高校で教えているんですよね。

E君：はい。今年度前半・後半で勤務校を2つ経験しました。最初は普通科の高校で生徒との関係も良かったので，授業に集中してくれていましたし，振り返りなどもうまくいっていたんです。離任する時には本当に別れを惜しんでくれて…。

　　今の工業高校では，機械実習などの専門科目がメインになるので，生徒は普通科の授業を軽視しているところがあって…。前の先生との引き継ぎもなく2学期の授業から入ったのですが，生徒に聞いても「あまり先生もがんばらなくていいよ」と言われる始末で，他の先生方にも「教材研究はそんなにやらなくていい」と言われるし…。

太田：前の学校とのギャップが大きいですね。どのクラスもそんな感じですか？

E君：1クラスはうまくいっていて，リテリングやインタラクションを行ったりしています。でも他のクラスでは同じようにいかないんです。

生徒たちは工業科の先生たちの言うことは絶対に聞くんですが，その
フラストレーションが僕らの方に向かってくるような感じで…。

増渕：大変ですが，むしろいい経験といえるかもしれませんよ。その子
たちって思っていることをそのまま言うんですよね。落ち着いた学校
では生徒は思っていても口に出さない。そうすると，うまくいってい
ると思っても，実は子どもたちは全然違うことを考えていたりします。
子どもの生の声を若いうちに知っておくのは大事だと思います。

E君：1年生のいちばん暴れている子は，育った環境もあって大人が嫌
いという感じでした。退学寸前までいったのですが，英語の成績は挽
回したのでやめるわけにはいかないと本人は言っていて…。

増渕：E君が教えている子ですか？

E君：はい。テストの前，その子は授業に出ていなかったのですが，放
課後にプリントを渡してやらせたら，ぎりぎり合格点を取れたんです。

増渕：やっぱりその子も何かやりたいことがあるんですよね。その時に
居合わせたことでその子の人生を変えたかもしれないですよ。

E君：他にも嬉しいことはいくつかあって，授業中に使った音楽がTV
で流れたと話してくれたり…。アニメやゲームの話題で話をしたり，
授業以外では少しは関係を作れているのかなと。

増渕：そこからがスタートだと思います。すごく荒れているクラスだと，
その中にいる普通の子たちも辛いですよね。その子たちのためにも笑
顔で教室に入ってあげるのは大事です。クラスに1人は，あの子がい
てくれるとほっとするという子がいますよね。自分もその子にとって
そういう存在になれたらいいと思います。私は授業の1時間だけです
が，その子は朝から1日中やんちゃな子たちと一緒に過ごしているわ
けですから。

　E君は途中から入った分，時間がかかってしまったけれど，生徒た
ちにとって，たぶんそういう存在になってきている。だから，みんな
廊下で声をかけてきてくれる。次の学期は変わってきますよ。いい話
を聞かせていただいたと思います。

阿野：最近，教育は何十年後かに返ってくるということを感じたことが
あります。最初に赴任した大変な学校のある生徒が私のNHK「基礎

英語」の放送を聞いてくれたのがきっかけで，数十年ぶりに卒業生が集まってくれたんです。その子たちが，今自分の子どもに聞かれても英語がわからないから，あの時やっておけばよかった，と話していて。大変なところでがんばったというのが生徒にも伝わっていた，と自分の思い出になりますね。

太田：私も若い頃に，生徒を力で押さえつけようとしてうまくいかなかったことがありました。ある生徒が中学卒業後の進路について少し投げやりになっていた時に，定時制進学もあるよと話したら少し変わったんです。その時感じたのは，この子もやっぱり本当は何かをやりたいと思っているんだということでした。

　どんな生徒もどこかでなんとかしたいと思っているものです。劇的には変わらなくても，0.1歩でもやれる範囲でまずはやってみましょう。

○委員会から贈る言葉

阿野：生徒が成長していくように，私たちもいくつになっても成長することができる。教師ってそんな素敵な仕事です。みなさんはまだスタートしたばかり，これからたくさんの生徒と出会って，一緒に成長していってくださいね。

太田：「なるほど，そういう考えもあるのか。気がつかなかったなあ」などと，人と話すことで自分の視野や考え方が広がり，それが自分を次の段階に運んでくれます。みなさんがいろいろな人と話し，いろいろな考えを吸収するといいですね。私も身体は固くなってきましたが，心はいつでも柔らかさを保ちたいと思っています。

萩原：英語教師は楽しい。先生方が毎日の授業は楽しいと思えますように。そして，授業には笑顔で臨んでください。

増渕：苦しい時は生徒を見ましょう。1人ひとりが見せる一瞬の輝きが，次の日へ向かう原動力に。

執筆者一覧

阿野幸一（あの　こういち）

文教大学国際学部国際理解学科教授，同大学院国際学研究科教授。

埼玉県立高等学校・中学校で 19 年間教鞭をとったのち，茨城大学を経て現職。早稲田大学大学院教育学研究科英語教育専攻修了。

環太平洋応用言語学会会長，英語授業研究学会理事。

[主な著書・論文]　中学校検定教科書 *NEW HORIZON English Course 1・2・3*（共著，東京書籍），高校検定教科書 *All Aboard! Communication English I・II・III*（共著，東京書籍），『日々の英語授業にひと工夫』（共著，大修館書店），『[大修館] 英語授業ハンドブック《高校編》DVD 付』（共編著，大修館書店），『みんなの楽しい英文法 「スタンプ例文」でわかる英語の基本』（単著，NHK 出版），ほか。

[好きなこと・趣味など]　学生と過ごす時間，地方の研修会後に地元の料理を堪能する時間，テニス（しばらくプレーしていませんが…）。

太田　洋（おおた　ひろし）

東京家政大学人文学部教授。

東京都公立中学校と東京学芸大学附属世田谷中学校で 21 年間教えた後，大学へ。駒沢女子大学を経て現職。東京学芸大学大学院修了。

英語授業研究学会会長，全国英語教育学会。

[主な著書・論文]　『日々の英語授業にひと工夫』（共著，大修館書店），中学校検定教科書 *Columbus 21 English Course*（共著，光村図書出版），『英語を教える 50 のポイント』（単著，光村図書出版），『英語の授業が変わる 50 のポイント』（単著，光村図書出版），"How do Japanese EFL Learners Develop Their Spoken Performance over Time? : A Longitudinal Study of Spoken Performance by 101 Junior High School Students"『関東甲信越英語教育学会研究紀要』第 17 号など。

[好きなこと・趣味など]　コーヒーを飲みながらボーッとすること。

萩原一郎（はぎわら　いちろう）

神奈川県立鶴見高等学校教諭。

神奈川県立高等学校で約38年間教鞭をとる。東京外国語大学外国語学部英米語学科卒業。

新英語教育研究会全国常任委員，ELEC同友会英語教育学会理事。

[主な著書・論文]　高校検定教科書 *EMPOWER ENGLISH EXPRESSION I*（共著，桐原書店），『英語教師は楽しい　迷い始めたあなたのための教師の語り』（共著，ひつじ書房），『ロングマン英和辞典』（共著，桐原書店），『基礎力の定着をはかる授業のすすめ方』『授業の流れに沿った効果的指導アイディア』[DVD]（ジャパンライム）。

[好きなこと・趣味など]　学校帰りにカフェで過ごす時間，ウエイトトレーニング，TULIPのライブに行くこと，都内温泉めぐり。

増渕素子（ますぶち　もとこ）

稲城市立稲城第一中学校主任教諭。

公立中学校で約34年間教鞭をとる。津田塾大学英文学科卒業。

全国英語教育学会，英語授業研究学会，ELEC同友会英語教育学会。

[主な著書・論文]　「学力不振生徒に学習方法を指導するには？」「アルファベットを読めない，書けない生徒の指導は？」「学習不振生徒指導の成功例は？」樋口忠彦・髙橋一幸（編著）『Q&A中学英語指導法事典―現場の悩み152に答える』(教育出版)，「英語教育時評61(2)(6)(10)」『英語教育』（大修館書店），「代名詞／動名詞／現在完了」太田洋（監修・解説）『Teaching Grammar ～コミュニカティブな授業でできる文法指導』Vol. 1 [DVD]（ジャパンライム），「Wh疑問文／不定詞／関係代名詞」太田洋（監修・解説）『Teaching Grammar ～コミュニカティブな授業でできる文法指導』Vol. 2 [DVD]（ジャパンライム）。

[好きなこと・趣味など]　犬と散歩。読書。大学院修士課程在学中。いくつになっても新しいことを知るのは楽しい。

若手英語教師のためのお悩み解決 BOOK

© Ano Kouichi, Ota Hiroshi, Hagiwara Ichiro, Masubuchi Motoko, 2017

NDC 375 ／ ix, 165p ／ 21cm

初版第 1 刷 ——— 2017年12月1日

著　者 ——— 阿野幸一，太田　洋，萩原一郎，増渕素子

発行者 ——— 鈴木一行

発行所 ——— 株式会社 大修館書店

　　　　　　　〒113-8541　東京都文京区湯島2-1-1

　　　　　　　電話03-3868-2651（販売部）　03-3868-2294（編集部）

　　　　　　　振替00190-7-40504

　　　　　　　[出版情報] http://www.taishukan.co.jp

装丁者 ——— Sparrow Design（林　陽子・尾形　忍）

表紙イラスト —— Shutterstock

本文イラスト —— Yuka Bonny

印刷所 ——— 壮光舎印刷

製本所 ——— ブロケード

ISBN978-4-469-24616-2　Printed in Japan

Ⓡ本書のコピー，スキャン，デジタル化等の無断複製は著作権法上での例外を除き禁じられています。本書を代行業者等の第三者に依頼してスキャンやデジタル化することは，たとえ個人や家庭内での利用であっても著作権法上認められておりません。